新しい教職教育講座 教科教育編 ⑧

原 清治／春日井敏之／篠原正典／森田真樹［監修］

初等家庭科教育

三沢徳枝／勝田映子［編著］

ミネルヴァ書房

新しい教職教育講座

監修のことば

　現在，学校教育は大きな転換点，分岐点に立たされているようにみえます。
　見方・考え方の育成を重視する授業への転換，ICT 教育や特別支援教育の拡充，増加する児童生徒のいじめや不登校への適切な指導支援，チーム学校や社会に開かれた教育課程を実現する新しい学校像の模索など。切れ間なく提起される諸政策を一見すると，学校や教師にとって混迷の時代に突入しているようにも感じられます。
　しかし，それは見方を変えれば，教師や学校が築き上げてきた地道な教育実践を土台にしながら，これまでの取組みやボーダーを超え，新たな教育を生み出す可能性を大いに秘めたイノベーティブな時代の到来ともいえるのではないでしょうか。教師の進むべき方向性を見定める正確なマップやコンパスがあれば，学校や教師の新たな地平を拓くことは十分に可能です。
　『新しい教職教育講座』は，教師を目指す学生や若手教員を意識したテキストシリーズであり，主に小中学校を対象とした「教職教育編」全13巻と，小学校を対象とした「教科教育編」全10巻から構成されています。
　世の中に教育，学校，教師に関する膨大な情報が溢れる時代にあって，学生や若手教員が基礎的知識や最新情報を集め整理することは容易ではありません。そこで，本シリーズでは，2017（平成29）年に告示された新学習指導要領や，今後の教員養成で重要な役割を果たす教職課程コアカリキュラムにも対応した基礎的知識や最新事情を，平易な表現でコンパクトに整理することに心がけました。
　また，各巻は，13章程度の構成とし，大学の授業での活用のしやすさに配慮するとともに，学習者の主体的な学びを促す工夫も加えています。難解で複雑な内容をやさしく解説しながら，教職を学ぶ学習者には格好のシリーズとなっています。同時に，経験豊かな教員にとっても，理論と実践をつなげながら，自身の教育実践を問い直し意味づけていくための視点が多く含まれた読み応えのある内容となっています。
　本シリーズが，教育，学校，教職，そして子どもたちの未来と可能性を信じながら，学校の新たな地平を拓いていこうとする教師にとって，今後の方向性を見定めるマップやコンパスとしての役割を果たしていくことができれば幸いです。

　　　　　　　　　　　　　　　監修　原　　清　治（佛教大学）
　　　　　　　　　　　　　　　　　　春日井敏之（立命館大学）
　　　　　　　　　　　　　　　　　　篠　原　正　典（佛教大学）
　　　　　　　　　　　　　　　　　　森　田　真　樹（立命館大学）

はじめに

　現代は，未婚化や離婚率の増加傾向等，個人の家族経験が多様になって，これまでの家族モデルは現実のあり様として揺らいでいる。家庭や社会が変化する状況のなかで，家庭科教育ではどのような指導が求められるだろうか。また家庭科の学習者は学習したことを実際の生活に生かせているだろうか。

　家庭科教育の指導者は，多様な家族のあり方を考え，家庭や社会と連携し協力を得ながら，家庭科教育で学んだことを生かして生活の問題解決に取り組む態度や能力を育てる研究と実践の積み重ねが求められる。

　2020年度から新しい小学校学習指導要領〔本書は2017（平成29）年告示の学習指導要領を新学習指導要領と呼ぶ〕において新しい教育の理念を具現化した目標と内容が示されている。本書では，家庭科教育におけるこれからの授業づくりについて論じ提案する。

　本書は，家庭科を指導できる教育実践力を備えた教員養成のためのテキストとして，一般に家庭科教育研究の資料として供することを目的とする。家庭科を新しく学ぶ立場から指導者への転換を促すために，家庭科教育全般から内容を構成している。

　本書の構成は，小学校家庭科を指導する立場から，3部構成となっている。内容は，第Ⅰ部の第1章では，家庭科教育の概念や位置づけと家庭科教育を学ぶ意義，新学習指導要領における小学校の家庭科の目標と内容を学び，育てたい資質・能力について考え，中学・高等学校との系統性と小学校家庭科の位置づけを学ぶ。第2章では，家庭科の授業づくりについて，育てたい資質・能力に着目し，学習指導の進め方，指導計画と評価，安全管理と指導，学習環境の整備について学ぶ。

　第Ⅱ部の第3章は「家族・家庭生活の学習」として，自分と家族の生活について，家族や地域の人々との関わり，社会の中の自分と家族の観点から，生活

をよりよくする実践的な態度を育て，生活課題を解決する力を養う学習について検討する。第4章は「食生活の学習」として，児童の身近な食領域の背景にある多様な生活・社会に目を向け，食育の推進に関連し，基礎的・基本的な知識および技能の習得を目指した学習指導について学ぶ。第5章の「衣生活の学習」では，衣服の役割と機能，繊維や布の種類と特徴，製作学習の意義を学び，基礎的な知識および技能の習得を図る指導を学ぶ。第6章は「快適な住まい方の学習」として，小学校家庭科における住生活学習の位置づけと学習内容の特徴や指導上の工夫等，教材研究に必要な基本的事項を理解し，これからの住まい方の課題について展望する。また第7章は「消費生活・環境の学習」として，消費生活の実態と課題，生活実践につながる能力・態度と学習内容，学習指導のための基礎知識を学び，消費者市民社会を目指した取り組みについて学習する。

　第Ⅲ部は授業実践について，授業づくりに結びつく実践例をあげる。第8章は「食生活に関する授業実践」として，食事の役割，調理の基礎，栄養を考えた食事の授業実践を紹介する。第9章「衣生活に関する授業実践」では，衣服のはたらき，洗濯，手縫いの基礎および製作の授業実践を取り上げる。第10章の「消費生活に関する授業実践」では，プリペイドカードやクレジットカードなど，見えないお金の問題とどう向き合うのかを考える授業実践を紹介する。

　各章に学習の課題と参考図書をもうけ，読者が学習から得た課題や発展的な学習に取り組めるように工夫している。本書を通して，新たな家庭科教育の充実と発展に貢献できることを願っている。

　本書の出版にあたり，お世話になったミネルヴァ書房編集部の秋道さよみ氏のご尽力に感謝を申し上げる。

編集代表　三沢徳枝

目 次

はじめに

第Ⅰ部　家庭科教育とは

第1章　小学校家庭科教育とは………………………………………2
  1　家庭科教育とは………………………………………………2
  2　小学校家庭科の目標…………………………………………7
  3　小学校家庭科の内容…………………………………………11
  4　小学校家庭科の位置づけ……………………………………14

第2章　授業づくりのために…………………………………………18
  1　家庭科の学習指導の特徴と方法……………………………18
  2　授業づくりの実際……………………………………………24
  3　指導計画・評価計画…………………………………………27
  4　学習指導案の作成……………………………………………29
  5　学習環境の整備………………………………………………32

第Ⅱ部　家庭科教育の授業づくり

第3章　「家族・家庭生活」の学習……………………………………36
  1　家族・家庭生活の学習とは…………………………………36
  2　家族・家庭生活の学習内容…………………………………38
  3　家族・家庭生活における課題と実践………………………56

第 4 章　生活を営むとは——食生活から考える   61

1　食生活を営むとは   61
2　子どもの食生活の現状と課題   63
3　食生活と学習指導要領   66
4　食生活の学習に関する教材研究   69
5　持続可能な食生活を目指して   75

第 5 章　衣生活——快適な衣服と裁縫の学習   82

1　衣生活学習とは何か   82
2　衣服の働きと着用   85
3　繊維や布の種類と特徴   87
4　衣服の購入と布製品の製作   92
5　衣服の手入れと洗濯   96

第 6 章　住生活——「快適な住まい方」の学習   101

1　住生活の学習とは   101
2　住生活の学習内容   103
3　住まいの働きと季節の変化に合わせた住まい方   105
4　住まいの整理・整頓と清掃   112
5　これからの住まい方を考える   115

第 7 章　消費生活・環境の学習   117

1　消費生活・環境の学習とは   117
2　子どもたちにつけたい能力   120
3　小学校での学習内容   123
4　学習指導のための基礎知識   126
5　消費者市民社会を目指した取り組み   129

目　次

第Ⅲ部　家庭科教育の指導の実際

第 8 章　食生活に関する授業実践 134
 1　食事の役割 134
 2　調理の基礎 138
 3　伝統的な日常食――ごはんとみそ汁の調理 143
 4　楽しく食べるために――食事のマナーを考えよう 150

第 9 章　衣生活に関する授業実践 152
 1　授業実践について 152
 2　家庭の実践に結びつく授業づくりについて 169

第10章　消費生活に関する授業実践 175
 1　授業実践について 175
 2　家庭での実践に結びつく授業づくりⅠ――「プリペイドカード」ってなあに 179
 3　家庭での実践に結びつく授業づくりⅡ――「クレジットカード」ってなあに 183
 4　家庭での実践に結びつく授業づくりとは 186

小学校学習指導要領（抄）
索　引

第Ⅰ部
家庭科教育とは

第1章　小学校家庭科教育とは

この章で学ぶこと

　家庭科教育とは何か。第1節では，まず，家庭科教育の概念について，家庭科が準拠する学問領域との関係から学ぶ。次に，学校教育における家庭科の位置づけを知るため，校種別の家庭科の時間数や家庭科教育の歴史的な変遷から学んでいく。そして，なぜ学校において家庭科が学ばれるのか，家庭科教育を学ぶ意義について考える。
　第2節では，新学習指導要領における小学校の家庭科の目標を知り，家庭科を学ぶことで，どのような資質や能力を育てたいのかを理解する。
　第3節では，小学校の家庭科の内容について学ぶ。また小学校で学ぶ家庭科から家庭科教育の系統性にも触れる。

1　家庭科教育とは

(1) 家庭科教育の概念

　家庭科は学校教育における教科課程の1教科である。小学校では『家庭』，中学校では『技術・家庭』，高等学校では『家庭』という教科名で位置づけられている。
　また学校教育における各教科（国語，社会，算数，理科等）の教育を総合して教科教育といい，そのひとつが家庭科教育にあたる。家庭科教育とは，小，中，高等学校の家庭科の目標を達成するために，内容や指導方法の研究，指導計画の立案およびその実践，評価，改善等によって，児童生徒を望ましい方向へ導く家庭科の教育のことをいう。
　家庭科では，衣・食・住，家族，保育，高齢者福祉，家計，消費，環境といった様々な内容を学ぶ。教科名の『家庭』にとどまらず，家庭を取り巻く地

域や社会につながる内容を伴っている。よりよい生活を目指す，生活に関する科目であるが，なぜこのように多岐にわたる内容を取り扱っているのだろうか。

　ひとつの答えとしては，家庭科という教科が立地する学問基盤から説明ができる。家庭科は，家政学を学問的基盤とした教科である。家政学とは，「家庭生活を中心とした人間生活における人間と環境の相互作用について，人的・物的両面から，自然・社会・人文の諸科学を基盤として研究し，生活の向上とともに人類の福祉に貢献する実践的総合科学である」(「家政学将来構想1984」日本家政学会，1984年発表) と定義されている。「実践的総合的科学」とあることから，家庭科・家庭科教育においても，家庭生活を総合的に捉える必要があり，その方法は実践的なものとなっている。これは，家庭科の教科目標にもあるように，家庭科は実践的・体験的な活動を通して学ぶことにも合致している。また家政学が対象としている「人間生活における人間と環境の相互作用」という点では人と人，人と環境との関係に分けて考えられるが，まず，人と人の関係では，家庭科においては，家族やそれを取り巻く地域，社会の人々との関わり，保育・高齢者といった異年齢との関わりや福祉などを扱い，次に，人と環境の関係では，衣食住といった生活におけるモノや家庭を取り巻く自然・社会環境との関わりについて扱われている。

　家庭科は，家庭生活やそれを取り巻く地域，社会を扱っており，その変化に対応して家庭科で学習する内容も変わるのは当然であるが，人間の生活を中心に取り上げ，それを取り巻く環境の関わり方を対象としたものであることには変わりないのである。

(2) 学校教育における家庭科

　家庭科は学校教育の一教科として設定されており，小・中・高等学校の教育課程の中に位置づけられている。小学校では『家庭』という教科名で男女必修であり，中学校では『技術・家庭』(家庭分野) としておかれ，高等学校では『家庭』という教科で『家庭基礎』『家庭総合』の2科目の中から1科目を履修する。いずれも男女必修となっている。

第Ⅰ部　家庭科教育とは

表Ⅰ-1-1　校種別の教科名および年間授業数

学校種	小学校		中学校			高等学校
教科名 （高等学校は科目名）	家　庭		技術・家庭 （家庭分野）			家庭基礎（2） 家庭総合（4）
学　年	5	6	1	2	3	（　）内は標準単位数
年間授業数	60	55	70	70	35	

出典：筆者作成。

　小学校家庭科は，中学校や高等学校で学ぶ家庭科の基礎となるものである。そのため，基礎・基本的な内容をしっかりと身につけさせる必要がある。また家庭科は，学習者の成長につれて生活の自立を目指すような指導内容となっている。

　家庭科は，小・中・高等学校において必修科目であり，各校種の年間の学習時間は，表Ⅰ-1-1の通りである。

　家庭科教育の変遷をみると，戦後の家庭科は，社会科とともに新設され，戦前の『家事裁縫科』を否定して発足した。1947（昭和22）年に小学校の家庭編（試案）ができたが，小学校の家庭科は民主的な家族関係を根底とした家庭建設者の育成を目指し，5，6年生の男女共に履修させることとなった。

　中学校においては，1947（昭和22）年新制中学校の発足時には教科名『職業』，1951（昭和26）年改訂で『職業・家庭』となり，1958（昭和33）年改訂〔1962（昭和37）年から実施〕で，教科名を現在に続く『技術・家庭科』と改められた。この科目は，男子向きの『技術』と女子向きの『家庭』で構成されており，男女別の履修が続いていた。その後，1989（平成元）年改訂〔1993（平成5）年から実施〕により，履修領域に男女による差異を設けないこととなり，男女共修となっている。1998（平成10）年改訂〔2002（平成14）年から実施〕で，いまの技術分野と家庭分野の構成となった。

　高等学校においては，1947（昭和22）年に新教科『家庭』が創設された。その後，1948（昭和23）年に『一般家庭』（選択履修，14単位）となり，被服，家庭経済，家庭管理，家族，食物，衛生，育児，住居の7分野で構成された。

　1956（昭和31）年改訂では，『一般家庭』を『家庭一般』に改め，被服，家庭

経営，食物，保育・家族の4分野構成となり，女子は4単位履修が望ましいとされた。その後，1960（昭和35）年改訂では，普通科女子は『家庭一般』（4単位）が必修となり，続く改訂で，すべての女子が『家庭一般』（4単位必修）となった。中学校と同様に，1989（平成元）年改訂〔1994（平成6）年から実施〕において，家庭科は男女共修の必修科目となり，『家庭一般』『生活技術』『生活一般』（1科目選択，4単位必修）となった。そして，1999（平成11）年改訂では，『家庭基礎』（2単位が設けられて），『家庭総合』（4単位），『生活技術』（4単位）の3科目から選択することになった。さらに，2009（平成21）年の改訂では，『家庭基礎』（2単位），『家庭総合』（4単位），『生活デザイン』（4単位）の3科目からの選択必修になった。次の改訂では，「家庭基礎」「家庭総合」からの選択となる。

　学習指導要領は，約10年ごとに改訂が繰り返されている。前回の小学校の学習指導要領は2008年に告示され2010年から実施，そして，今回の新学習指導要領は2017年に告示，2020年に全面実施である。

（3）家庭科教育を学ぶ意義

　家庭科で学ぶ内容は，家庭や生活に関することであるので，それぞれの家庭でも学ぶことができると考える人もいる。しかし，学校教育のなかで，家庭科が教科として学ばれるのはなぜだろうか。

　まず，児童生徒の家庭での生活体験が乏しくなっていることがある（図Ⅰ-1-1）。食事のしたくや片付け，家の手伝いをするといった経験が少なくなっており，普段から行っているのは，小学生のおよそ半数程度である（図Ⅰ-1-2）。その理由として，子どもが習い事などで自由な時間がないことや，親から家事を教えてもらう機会の減少などがあると考えられている。また社会の変化としては，市場に多くの商品があふれ，自分でつくらなくても，家事の代行サービスで済んでしまい，家事の外部化が進んでいることもあげられる。

　家庭科を学ぶ児童の生活体験は様々であるが，家庭科では，生活における知識だけでなく，実習・実験等を通じて，技能・技術も獲得し，実践的・体験的

第Ⅰ部　家庭科教育とは

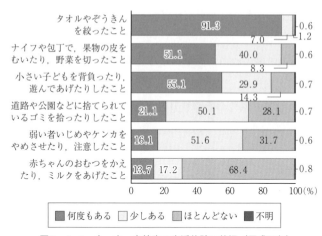

図Ⅰ-1-1　小・中・高校生の生活体験の状況（平成26年）
出典：国立青少年教育振興機構「青少年の体験活動等に関する実態調査資料集（平成26年度調査）」『日本子ども資料年鑑 2017』321頁。

な学びができる教科内容となっている。こうした生活の基礎的な知識や技能を獲得することで，児童生徒の生活の自立を支援するような学びの構成となっている。

次に，子どもを取り巻く家族や地域の変化である。核家族の増加や少子化により，兄弟が少ない家庭が多くなり，小さな子どもや高齢者といった異年齢世代との関わりが減ってきている。それに加えて，ひとり親世帯の増加など，子どもを取り巻く家族のかたちも多様化している。また自治会や子供会といった地域での行事も少なくなり，近隣の人々との交流も減ってきている。そのため，家族・家庭，地域の大切さを改めて見直す機会が必要になっている。

また地域との関わりとも関係しているが，地域の交流が少なくなると，地域の文化の伝承も難しくなってくる。家庭科では生活文化の継承も重要なものであると考え，教科の内容で扱っている。そして，これまでの伝統を守るだけではなく，今後の伝統文化の担い手として，明日の生活環境・文化の創造にもつなげたい。

さらに，家庭科は衣食住だけでなく，家族・保育に関する学習や消費・環境教育も含む幅広い内容を取り扱っているが，男女共同参画，福祉・社会保障，環境・エネルギー問題など，いま社会で取り組まれている課題についての社会

第1章 小学校家庭科教育とは

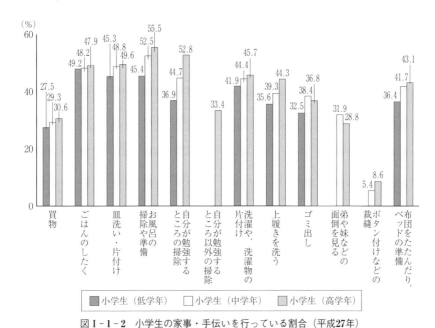

図 I-1-2　小学生の家事・手伝いを行っている割合（平成27年）

出典：金融広報中央委員会（2016）「子どものくらしとお金に関する調査（第3回）」『日本子ども資料年鑑2017』322頁。

的な視野をもたせることができる。こうした関連分野について児童生徒の興味関心を促すという役割も果たしている。

最後に，家庭科では，生活における問題解決能力の育成が重要である。後述する家庭科の目標が，「日常生活の中から問題を見いだして課題を設定し，様々な解決方法を考え，……」とあることからも，自分自身の身近な生活の中から自分で課題を見つけ，その解決を考える力を身につけることが目指されるのである。

2　小学校家庭科の目標

（1）目　標

2017（平成29）年3月に小・中学校の新学習指導要領が告示され，2020年度

> 　<u>生活の営みに係る見方・考え方を働かせ</u>，衣食住などに関する実践的・体験的な活動を通して，生活をよりよくしようと<u>工夫する資質・能力</u>を次のとおり育成することを目指す。
> (1) 家族や家庭，衣食住，消費や環境などについて，日常生活に必要な基礎的な理解を図るとともに，それらに係る技能を身に付けるようにする。
> (2) 日常生活の中から問題を見いだして<u>課題を設定</u>し，<u>様々な解決方法を考え，実践を評価・改善</u>し，考えたことを表現するなど，課題を解決する力を養う。
> (3) 家庭生活を大切にする心情を育み，家族や地域の人々との関わりを考え，家族の一員として，生活をよりよくしようと工夫する実践的な態度を養う。

注：目標の冒頭の＿＿は前回との相違点。

から全面実施されることとなった（中学校は，2021年度から全面実施）。

　新学習指導要領における小学校家庭科の目標は，上に示した通りである。

　小学校家庭科においては，生涯にわたって健康で豊かな生活を送るための自立の基礎に必要な力として，生活をよりよくしようと工夫する資質・能力を育成することが示された。また今回の改訂では育成を目指す資質・能力として，「知識及び技能」「思考力，判断力，表現力等」「学びに向かう力，人間性等」の三つの柱に沿って示されており，これらが偏りなく実現できるようにすることが大事である。

　前回の目標と比べると，目標の冒頭に「生活の営みに係わる見方・考え方を働かせ」が追加され，これまでの「家庭生活を大切にする心情をはぐくみ，家族の一員として」が再編成された。また目標は，生活をよりよくしようと工夫する「資質・能力」を育むために，三つの柱に沿ったかたちで具体的目標(1)～(3)が構成されている。具体的目標の(1)は「知識及び技能」，(2)は「思考力，判断力，表現力等」，(3)は「学びに向かう力，人間性等」に対応している。

　前回までの学習指導要領においては，家庭科の目標について「教科の目標」と「学年の目標」（第5学年及び第6学年）と分けて示されていたが，今回の改訂では整理され，「教科の目標」としてまとめられている。

　目標の構造については，まず目標の冒頭で，今回，新たに加えられた，「生

活の営みに係る見方・考え方を働かせ」は，家庭科が学習対象としている家族や家庭，衣食住，消費や環境などに係る生活事象を，協力・協働，健康・快適・安全，生活文化の継承・創造，持続可能な社会の構築等といった様々な視点で捉えることである。家庭科以外の各教科においても，質の高い深い学びを実現させるために，こうした教科の特質に応じた物事を捉える視点や考え方が目標のはじめに示されている。

次に，「衣食住などに関する実践的・体験的な活動を通して」とは，家庭科における学習方法の特質を述べたものである。具体的には，調理，製作などの実習や観察，調査，実験などの実践的・体験的な活動を通して，実感を伴って理解する学習を展開することが示されている。

そして，「生活をよりよくしようと工夫する資質・能力」とは，家庭科の学習で育成を目指す資質・能力であり，生涯にわたって健康で豊かな生活を送るための自立の基礎として必要なものについて示されたものである。この「資質・能力」は，全教科に共通して，目標としての前文で「資質・能力」の育成が明記されている。新学習指導要領は，全教科で形式がなるべく揃えられている。

目標の冒頭の後に，今回の改訂では，育成を目指す資質・能力が三つの柱に沿って示されている。

(1)の目標は，学習内容として主に家庭生活に焦点を当て，家族・家庭，衣食住，消費や環境などに関する内容を取り上げ，日常生活に必要な「基礎的な理解」を図り，それにかかわる技能を身につけることが示されている。ここでの「基礎的な理解」とは，家庭科で習得する日常生活に必要な知識が，個別の事実的な知識だけでなく，児童の既存の知識や生活経験と結びつけられ，家庭科の学習内容の本質を深く理解するための概念として習得され，家庭や地域などにおける様々な場面で活用されるものとして意図されている。

(2)の目標は，日常生活の中から問題を見出して課題を設定し，計画，実践，評価，改善という一連の学習過程を通して習得した「知識及び技能」を活用し，「思考，判断，表現力等」を育成することにより，課題を解決する力を養うことを明確にしている。小学校の家庭科でこれまでも重視されてきた問題解決型

第Ⅰ部　家庭科教育とは

生活の課題発見	解決方法の検討と計画		課題解決に向けた実践活動	実践活動の評価・改善	家庭・地域での実践
既習の知識及び技能や生活経験を基に生活を見つめ，生活の中から問題を見いだし，解決すべき課題を設定する	生活に関わる知識及び技能を習得し，解決方法を検討する	解決の見通しをもち，計画を立てる	生活に関わる知識及び技能を活用して，調理・製作等の実習や，調査，交流活動を行う	実践した結果を評価する / 結果を発表し，改善策を検討する	改善策を家庭・地域で実践する

注：上記に示す各学習過程は例示であり，上例に限定されるものではないこと。

図Ⅰ-1-3　家庭科，技術・家庭科（家庭分野）の学習過程の参考例

出典：文部科学省（2017）『小学校学習指導要領 解説 家庭編』15頁。

の学習をさらに充実したものとなっている（図Ⅰ-1-3）。

　(3)の目標は，(1)および(2)で身につけた資質・能力を活用し，家族や地域の人々との関わり，家庭生活をよりよくしようと工夫する実践的な態度を養うことを明確にしたものである。

　実生活と関連を図った問題解決的な学習を効果的に取り入れたり，これら三つの柱を相互に関連させたりすることで，教科全体の資質・能力を育成することが重要である。

(2) 小学校家庭科の位置づけ

　新学習指導要領では，小学校家庭科に続いて，中学校「技術・家庭科（家庭分野）」の目標は次のように掲げられている（下線は筆者による）。

> 　生活の営みに係る見方・考え方を働かせ，衣食住などに関する実践的・体験的な活動を通して，よりよい生活の実現に向けて，生活を工夫し創造する資質・能力を次のとおり育成することを目指す。
> (1) 家族・家庭の機能について理解を深め，家族・家庭，衣食住，消費や環境などについて，<u>生活の自立に必要な基礎的な理解</u>を図るとともに，それらに係る技能を身に付けるようにする。
> 　　　　　　　〔以下，(2)〜(3)の目標については187頁を参照〕

中学校では「生活の自立に必要な基礎的理解」を図るとしているが中学校においては，家族・家庭の機能について理解を深め，これからの生活についても展望できる基礎を培うことが意図されている。また(3)の目標において，(1)および(2)で身につけた資質・能力を活用し，自分と家族，家庭生活と地域との関わりを見つめ直し，家族や地域の人々と協働して生活を工夫し創造しようとする実践的な態度を養うことを明確にしている。

小学校の家庭科と比較してみると，中学校は自立を観点においており，小学校の目標はその基礎・基本を習得するものとして，その後につながる中学校・高等学校の家庭科の学びにつながる目標となっている。

3 小学校家庭科の内容

（1）内容構成

小学校家庭科の内容で，新学習指導要領が前回と大きく変わった点は，4つの内容から3つの内容になったことである。これは，小・中学校の各内容の系統性の明確化の観点から，小・中学校ともに「A 家族・家庭生活」「B 衣食住の生活」「C 消費生活・環境」の3つの内容とし，各内容および各項目の指導が小・中・高等学校と系統的に行えるようになった。A，B，Cのそれぞれの内容は，生活の営みに係る見方・考え方に示した主な視点が共通している。

また空間軸と時間軸の視点からの学習対象の明確化も図られている。空間軸・時間軸の視点は，前回では高等学校の学習指導要領において明記されているが，これまでの小・中学校にはなかった。今回の新学習指導要領では，小学校における空間軸の視点は，主に自己と家庭となっており，時間軸の視点は，現在およびこれまでの生活と示されている。

そして，資質・能力を育成する学習過程を踏まえ，各項目は，原則として「知識及び技能」の習得と，「思考力，判断力，表現力等」の育成に係る2つの指導事項ア，イで構成している。各指導項目における内容については，育成を目指す資質・能力について三つの柱で示すことが基本であるが，「学びに向か

う力，人間性等」については，学習の大きなくくりの中で実現すると考えられていることから，教科の目標にまとめて示すこととしており，指導事項には含まれない。

　内容の各項目で育成する資質・能力の明確化が図られ，内容の各項目が資質・能力に対応したかたちに整理されている。各内容の各項目は，アとイの2つの指導事項で構成され，原則として，アは，「知識及び技能」の習得に係る事項，イは，アで習得した「知識及び技能」を活用して「思考力，判断力，表現力等」を育成することに係る事項としている。また，指導事項アおよびイは，学習過程を踏まえ，関連を図って取り扱うこととしている。

　子どもにどのような力をつけようとするのかという学習目標は，教科によって異なるが，家庭科という教科は，覚えた知識や身につけた技能よりも，知識や技能を活用して自分自身の生活を振り返り，生活をよりよくするために，どのように工夫し，取り組んでいるかということが大事である。そのため，学習評価においても，「ア　知識及び技能」や，「イ　思考力，判断力，表現力等」が学習指導のなかでどのように変容したかを判断しながら，「学びに向かう力，人間性等」を学習の大くくりのなかでみることで，「生活をよりよくしようと工夫する実践的な態度」が育っているかをみることも重視したい。

　社会の変化および家庭科の課題に対応した履修や各内容の改善・充実は，次の通りである。

A　家族・家庭生活
- 「A　家族・家庭生活」の(1)のアについては，第4学年までの学習を踏まえ，2学年間の学習の見通しをもたせるためのガイダンスとして，第5学年の最初に履修させるとともに，生活の営みに係る見方・考え方について触れ，「A　家族・家庭生活」，「B　衣食住の生活」，「C　消費生活・環境」の学習と関連させて扱うこととしている。
- 少子高齢社会の進展に対応して，家族や地域の人々とよりよく関わる力を育成するために，幼児又は低学年の児童，高齢者など異なる世代の人々との関わりについても扱うこととしている。
- 家庭や地域と連携を図った(4)「家族・家庭生活についての課題と実践」を新

設している。これは，日常生活の中から問題を見いだして課題を設定し，習得した知識及び技能などを活用して課題を解決する力と生活をよりよくしようと工夫する実践的な態度を養うこととしている。実践的な活動を家庭や地域などで行うことができるよう配慮し，2学年間で一つ又は二つの課題を設定して履修させることとしている。A(4)は，中学校家庭分野の生活の課題と実践，高等学校家庭科のホームプロジェクトにつながる学習活動とみられる。

B 衣食住の生活

- 生活や学習の基盤となる食育を一層推進するために，「B 衣食住の生活」の食生活に関する内容を中学校との系統性を図り，食事の役割，調理の基礎，栄養を考えた食事で構成し，基礎的・基本的な知識及び技能を確実に習得できるようにしている。
- グローバル化に対応して，日本の生活文化の大切さに気付くことができるよう，和食の基本となるだしの役割や季節に合わせた着方や住まい方など，日本の伝統的な生活について扱うこととしている。
- 調理や製作における一部の題材の指定がされている。
  - B(2)「調理の基礎」のアの(エ)では，加熱操作が適切にできるようにするために，ゆでる材料として青菜やじゃがいもなどを扱う。
  - B(5)「生活を豊かにするための布を用いた物の製作」では，ゆとりや縫いしろの必要性を理解するために，日常生活で使用する物を入れるための袋などの製作を扱う。
- 「生活の営みに係る見方・考え方」と関連を図った内容の見直しがなされ，「B 衣食住の生活」における「働きや役割」に関する内容の改善では，「住まいの主な働き」が新設されている。それによって，食生活の「栄養素の主な働き」，衣生活の「衣服の主な働き」と合わせて衣食住のそれぞれの働きが整理されている。

C 消費生活・環境

- 持続可能な社会の構築に対応して，自立した消費者を育成するために，中学校との系統性に配慮し，「買物の仕組みや消費者の役割」に関する内容を新設するとともに，他の内容との関連を図り，消費生活や環境に配慮した生活の仕方に関する内容の改善を図っている。
- 消費者の役割では，「A 家族・家庭生活」の(1)「自分の成長と家族・家庭生活」のアで触れる「生活の営みに係る見方・考え方」の点との関連を図ることとしている。

4 小学校家庭科の位置づけ

　小・中学校の各内容については，系統性の明確化の観点と従来の4つの内容から，小・中学校ともに「A　家族・家庭生活」「B　衣食住の生活」「C　消費生活・環境」の3つの内容となった（表Ⅰ-1-2）。そのため，各内容および各項目の指導が小・中・高等学校へとより系統的に行えるようになった。小学校と中学校では，各内容A～Cの名称も統一され，より小・中学校の系統性が明確にわかるようになった（表Ⅰ-1-3）。小学校で学んだ基礎的・基本的な内容を踏まえてさらに中学校でより深く学ぶようになっていることがわかる。中学校も小学校と同一の名称にすることでさらに内容の系統性が明確になったといえる。

　また2008（平成20）年の学習指導要領では，中学校の各内容の名称には，「食生活と自立」などというように，自立という言葉があったが，新学習指導要領でその表記はなくなった。しかし義務教育を終える中学校段階において生活で自立できる能力の育成を目指すという考え方が大きく変わるわけではない。

　今回の改訂では，表Ⅰ-1-2，次頁の表Ⅰ-1-3のように，従前の内容構成が改められた。

表 I-1-2　小学校 家庭科　新旧内容項目一覧

旧　小学校（平成20年告示）	新　小学校（平成29年告示）
A　家庭生活と家族	A　家族・家庭生活
(1) 自分の成長と家族 　ア　成長の自覚, 家庭生活と家族の大切さ (2) 家庭生活と仕事 　ア　家庭の仕事と分担 　イ　生活時間の工夫 (3) 家族や近隣の人々とのかかわり 　ア　家族との触れ合いや団らん 　イ　近隣の人々とのかかわり	(1) 自分の成長と家族・家庭生活 　ア　自分の成長と自覚・家庭生活の大切さ, 家族との協力 (2) 家庭の仕事と仕事 　ア　家庭の仕事と生活時間 　イ　家庭の仕事の計画と工夫 (3) 家族や地域の人々との関わり 　ア(ア) 家族との触れ合いや団らん 　　(イ) 地域の人々との関わり (4) 家族・家庭生活についての課題と実践 　ア　日常生活についての課題と計画, 実践, 評価
B　日常の食事と調理の基礎	B　衣食住の生活
(1) 食事の役割 　ア　食事の役割と日常の食事の大切さ 　イ　楽しく食事をするための工夫 (2) 栄養を考えた食事 　ア　体に必要な栄養素の種類と働き 　イ　食品の栄養的な特徴と組合せ 　ウ　1食分の献立 (3) 調理の基礎 　ア　調理への関心と調理計画 　イ　材料の洗い方, 切り方, 味の付け方, 盛り付け, 配膳及び後片付け 　ウ　ゆでたり, いためたりする調理 　エ　米飯及びみそ汁の調理 　オ　用具や食器の安全で衛生的な取扱い, こんろの安全な取扱い	(1) 食事の役割 　ア　食事の役割と大切さ, 日常の食事の仕方 　イ　楽しく食べるための食事の仕方の工夫 (2) 調理の基礎 　ア(ア) 材料の分量や手順, 調理計画 　　(イ) 用具や食器の安全で衛生的な取扱い, 加熱用調理器具の安全な取扱い 　　(ウ) 材料に応じた洗い方, 調理に適した切り方, 味の付け方, 盛り付け, 配膳及び後片付け 　　(エ) 材料に適したゆで方, いため方 　　(オ) 伝統的な日常食の米飯及びみそ汁の調理の仕方 　イ　おいしく食べるための調理計画及び調理の工夫 (3) 栄養を考えた食事 　ア(ア) 体に必要な栄養素の種類と働き 　　(イ) 食品の栄養的な特徴と組合せ 　　(ウ) 献立を構成する要素, 献立作成の方法 　イ　1食分の献立と工夫 (4) 衣服の着用と手入れ 　ア(ア) 衣服の主な働き, 日常着の快適な着方 　　(イ) 日常着の手入れ, ボタン付け及び洗濯の仕方 　イ　日常着の快適な着方や手入れの工夫 (5) 生活を豊かにするための布を用いた製作 　ア(ア) 製作に必要な材料や手順, 製作計画 　　(イ) 手縫いやミシン縫いによる縫い方, 用具の安全な取扱い 　イ　生活を豊かにするための布を用いた物の製作計画及び製作の工夫 (6) 快適な住まい方 　ア(ア) 住まいの主な働き, 季節の変化に合わせた生活の大切さや住まい方 　　(イ) 住まいの整理・整頓や清掃の仕方 　イ　季節の変化に合わせた住まい方, 整理・整頓や清掃の仕方の工夫
C　快適な衣服と住まい	
(1) 衣服の着用と手入れ 　ア　衣服の働きと快適な着方の工夫 　イ　日常着の手入れとボタン付け及び洗濯 (2) 快適な住まい方 　ア　住まい方への関心, 整理・整頓及び清掃の仕方と工夫 　イ　季節の変化に合わせた生活の大切さ, 快適な住まい方の工夫 (3) 生活に役立つ物の製作 　ア　形などの工夫と製作計画 　イ　手縫いやミシン縫いによる製作・活用 　ウ　用具の安全な取扱い	
D　身近な消費生活と環境	C　消費生活・環境
(1) 物や金銭の使い方と買物 　ア　物や金銭の大切さ, 計画的な使い方 　イ　身近な物の選び方, 買い方 (2) 環境に配慮した生活の工夫 　ア　身近な環境との組み合わせ, 物の使い方の工夫	(1) 物や金銭の使い方と買物 　ア(ア) 買物の仕組みや消費者の役割, 物や金銭の大切さ, 計画的な使い方 　　(イ) 身近な物の選び方, 買い方, 情報の収集・整理 　イ　身近な物の選び方, 買い方の工夫 (2) 環境に配慮した生活 　ア　身近な環境との関わり, 物の使い方 　イ　環境に配慮した物の使い方の工夫

出典：文部科学省（2017）『小学校学習指導要領 解説 家庭編』11頁, 小学校家庭　新旧内容項目一覧。

第Ⅰ部　家庭科教育とは

表Ⅰ-1-3　中学校 技術・家庭科（家庭分野）の内容項目一覧

中学校（平成29年告示）
A　家族・家庭生活
(1) 自分の成長と家族・家庭生活 　ア　自分の成長と家庭生活との関わり，家族・家庭の基本的な機能，家族や地域の人々との協力・協働
(2) 幼児の生活と家族 　ア(ア) 幼児の発達と生活の特徴，家族の役割 　　(イ) 幼児の遊びの意義，幼児との関わり方 　イ　幼児との関わり方の工夫
(3) 家族・家庭や地域との関わり 　ア(ア) 家族の協力と家族関係 　　(イ) 家庭生活と地域との関わり，高齢者との関わり方 　イ　家族関係をよりよくする方法及び地域の人々と協働する方法の工夫
(4) 家族・家庭生活についての課題と実践 　ア　家族，幼児の生活又は地域の生活についての課題と計画，実践，評価
B　衣食住の生活
(1) 食事の役割と中学生の栄養の特徴 　ア(ア) 食事が果たす役割 　　(イ) 中学生の栄養の特徴，健康によい食習慣 　イ　健康によい食習慣の工夫
(2) 中学生に必要な栄養を満たす食事 　ア(ア) 栄養素の種類と働き，食品の栄養的特質 　　(イ) 中学生の1日に必要な食品の種類と概量，献立作成 　イ　中学生の1日分の献立の工夫
(3) 日常食の調理と地域の食文化 　ア(ア) 用途に応じた食品の選択 　　(イ) 食品や調理用具等の安全・衛生に留意した管理 　　(ウ) 材料に適した加熱調理の仕方，基礎的な日常食の調理 　　(エ) 地域の食文化，地域の食材を用いた和食の調理 　イ　日常の1食分の調理及び食品の選択や調理の仕方，調理計画の工夫
(4) 衣服の選択と手入れ 　ア(ア) 衣服と社会生活との関わり，目的に応じた着用や個性を生かす着用，衣服の選択 　　(イ) 衣服の計画的な活用，衣服の材料や状態に応じた日常着の手入れ 　イ　日常着の選択や手入れの工夫
(5) 生活を豊かにするための布を用いた製作 　ア　製作する物に適した材料や縫い方，用具の安全な取扱い 　イ　生活を豊かにするための資源や環境に配慮した布を用いた物の製作計画及び製作の工夫
(6) 住居の機能と安全な住まい方 　ア(ア) 家族の生活と住空間との関わり，住居の基本的な機能 　　(イ) 家族の安全を考えた住空間の整え方の工夫
(7) 衣食住の生活についての課題と実践 　ア　食生活，衣生活，住生活についての課題と計画，実践，評価
C　消費生活・環境
(1) 金銭の管理と購入 　ア(ア) 購入方法や支払い方法の特徴，計画的な金銭管理 　　(イ) 売買契約の仕組み，消費者被害，選択に必要な情報の収集・整理 　イ　情報を活用した物資・サービスの購入の工夫
(2) 消費者の権利と責任 　ア　消費者の基本的な権利と責任，消費生活が環境や社会に及ぼす影響 　イ　自立した消費者としての消費行動の工夫
(3) 消費生活・環境についての課題と実践 　ア　環境に配慮した消費生活についての課題と計画，実践，評価

注：枠囲みは選択項目。3学年間で1以上を選択。
出典：文部科学省（2017）『中学校学習指導要領 解説 技術・家庭編』15頁。

第 1 章　小学校家庭科教育とは

引用・参考文献

金融広報中央委員会編（2016）「子どものくらしとお金に関する調査（第 3 回）」『日本子ども資料年鑑 2017』322 頁。
国立青少年教育振興機構（2016）「青少年の体験活動等に関する実態調査資料集（平成 26 年度調査）」『日本子ども資料年鑑 2017』321 頁。
日本家政学会（1984）「家政学将来構想 1984」。
松田典子（2014）「子どもの家事労働についての考察——小学校家庭科の教科書の記述から」文教大学教育学部紀要 第 47 巻，129～138 頁。
文部科学省（2008）『小学校学習指導要領 解説 家庭編』東洋館出版社。
文部科学省（2017）『小学校学習指導要領 解説 家庭編』。
文部科学省（2017）『中学校学習指導要領 解説 技術・家庭（家庭編）』。

学習の課題

(1) 家庭科の教科としての特徴は何か。教科の内容，学習方法や他教科との比較などから考えてみよう。
(2) 家庭科を学ぶことで，どのような資質や能力を育てることができるだろうか。
(3) 小学校家庭科は，低学年からではなく，なぜ高学年（5，6 年生）で学ぶのだろうか。子どもの心身の発達や教科の特性などから考えてみよう。

【さらに学びたい人のための図書】

荒井紀子編著（2013）『生活主体を育む 探求する力をつける家庭科』ドメス出版。
　⇨これまでの家庭科や諸外国の家庭科などを豊富な資料から知ることができる。また授業設計の具体例も多くある。
大学家庭科教育研究会編（2004）『子供が変わる／地域が変わる／学校が変わる 市民が育つ家庭科』ドメス出版。
　⇨家庭科の教育理念や家庭科の学びの本質，授業づくりとその実際の理論など，多くの論点を知ることができる。
「家政学の時間」編集委員会（2017）『楽しもう家政学 あなたの生活に寄り添う身近な学問』開隆堂。
　⇨家庭科の学問基盤である家政学について，その独自の視点や対象の幅広さを知ることができる読みやすい本。

（松田典子）

第2章 授業づくりのために

この章で学ぶこと

　家庭科では基礎的な知識・技能の習得とともに，それらを生活の営みに係わる見方・考え方を働かせつつ活用して問題解決を図る力の育成が目指されている。よって授業づくりにおいては，年々低下が指摘される児童の生活経験や技能の実態を丁寧に把握し，主体的で対話的な学びを引き出す多様な指導方法の導入や，「なぜそうするのか」実感をもって科学的に理解し学びを深める問題解決型の授業の充実などが求められている。
　そこで本章では，こうした点を踏まえながら，家庭科の授業づくりの特色と方法，授業づくりの実際，学習指導案の作成，安全指導・管理や個に応じた指導に関わる学習環境の整備について学ぶ。

1　家庭科の学習指導の特徴と方法

（1）家庭科の授業づくりとは何か

（1）家庭科授業の特色

　家庭科の授業には主に4つの特色がある。第1に，児童の日常生活そのものを学習対象としている点である。よって，児童の家庭や地域生活の実態把握や家庭との連携は必須である。また，個々の生活の営みを客観視することができる共通の活動や視点の投入，生活観や価値観を揺さぶる指導などが必要である。第2に総合的な授業構想が必要な点である。生活とは総合的なものであるからである。よって，衣食住生活，家族・家庭生活，消費・環境の3つの学習内容を適宜組み合わせたり，他教科との関連を図ったりして授業を構想する必要がある。第3に「実践的・体験的な活動を通して」学ぶ点である。学習方法には，調理，製作などの実習のほか，観察，調査，実験など多様な手法がある。ICT

第2章　授業づくりのために

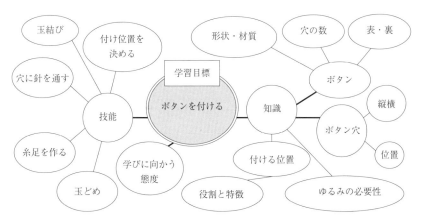

図 I-2-1　ボタン付けの学習目標をイメージ・マップの手法を用いて展開した例
出典：筆者作成。

も含め，これらを学習目的に応じて効果的に取り入れていく必要がある。

　第4に，学習が家庭や地域と学校とを往還して展開する点である。家庭科が目指すのは，よりよい生活とは何かを考え，その実現を図ることである。よって，自分の生活のなかから課題を見つけ，学んだ知識や技能を自分の生活へと生かし，さらにその活動のなかから新たな課題を発見する。このようならせん状の学習過程を辿って授業を展開していくようにするのである。

(2) 授業づくりとは何か

　授業づくりとは「ここで何を学んで欲しいのか（学習目標），学んだかどうかをどのように判断するのか（評価方法），そして，学びをどのように助けるのか（教育内容・方法）の3つを確認しながら，教育活動を改善・向上していく」（鈴木，2016，3頁）営みである。よい授業とは，この3つが調和よく，「教育内容（教材）を媒介として，児童の学ぶ意欲と教師の適切な支援が有機的に結合したときに成立する」（内藤他，2005，88頁）。授業づくりというと，指導方法や教材の選定を想起しがちであるが，重要なのは，まず，この授業を通してどのような力を児童につけるのか，教師は何を「教え」，どこを児童に「考えさせる」のか，それらを明確にすることなのである。そのためには，図 I-2-1 のように学習目標に関連する事柄を洗い出して，教育内容の全体構造を把握する作業

19

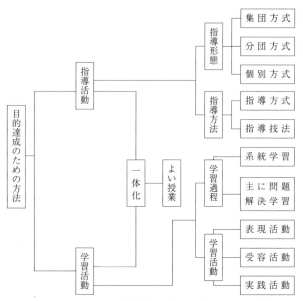

図 I-2-2　授業方法を決定する主な要素
出典：内藤他（2005）89頁。

を行うと効果的である。

(3) 授業づくりの構成要素

　授業は，教師の指導活動と児童の学習活動とで構成されている。授業づくりの方法を決定する主な要素には，以下のものがある（図 I-2-2）。

○ **指導活動**

① 指導形態

　教師の指導活動には，指導形態と指導方法の工夫とがある。

　指導形態には，集団方式，分団方式，個別方式の3つがある。集団方式とは児童を集団として一斉指導する方式である。「講義法」に用いられるほか，授業の導入やまとめの段階で行われることが多い。教師による集団方式としては，ティーム・ティーチング（Team Teaching）がある。これは，複数の教師が専門性や特性を生かして協力して授業に取り組むもので，家庭科では栄養学習での栄養教諭との連携などで取り入れられることが多い。

分団方式とは，児童を4～6名の分団（グループ）に分けて活動させる方式である。分団の構成によって，等質分団指導と異質分団指導とがある。家庭科では，話し合いや実験，実習など多くの活動で取り入れられている。

　個別方式とは，児童の個人差に応じた手立てを講じる方式のことで，個別指導のほか，技能に見合った教材を個別に与える授業もこれに含まれる。

② 指導方法

　指導方法では，指導方式と指導技法の工夫があげられる。指導方式には教師主導（系統的学習）型と児童中心（経験学習）型との2つがある。

　指導技法には主に次の3つがあげられる。〈1〉言語的な活動による方法（講義法，討議法，問答法など）〈2〉実践活動による方法（示教法，示範法，実験法，調査・見学法，考案法など）〈3〉視聴覚・情報通信を利用する方法（マスメディアやICTなどの情報器機の活用や発信など）。

　今日求められているのは，「主体的・対話的で深い学び」である。その実現のために，言語活動では講義法による教師の一方的な説明よりも，児童との応答で授業を進める問答法や，児童どうしによる討議法などで児童の言語活動の充実を図ることが重視されている。また実践的・体験的な活動においても，活動のなかに児童が考える場面や話し合う場面を設定したり，結果を自己・相互評価して改善したりする思考活動の充実が求められている。

　視聴覚・情報通信器機を利用する方法については，インターネットやタブレット端末の普及などにより，近年大きな変化がみられる。これまでの教師主体の教材提示のための利用から，児童が調べ，表現する学習材へと急速に転換が図られている。調理実習を例にすると，学校や教育委員会が提供する学習用ウェブサイトなどから調理の動画を視聴して理解し，家庭で試し調理を実践してから学校での実習に臨む「反転学習」や，児童が調理の様子を動画で記録し合い，録画を再生して評価し合う方法などが行われている。

　指導のための利用法としては，ミシン操作の手順などの視聴覚教材の自作のほか，児童のノートやプリントでの記述をスマートフォンなどで撮影して記録し，評価に役立てたり，プロジェクターで拡大投影してクラス全体で共有して

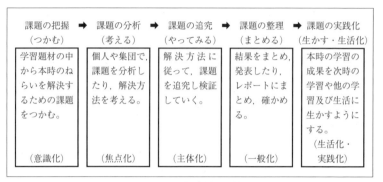

図 I-2-3　課題解決学習の学習過程
出典：内藤他（2005）93頁より引用。

学習を進めたりするなどの使い方がなされている。また，インターネットを利用した遠隔地の学校との交流なども盛んに行われるようになっており，今後ますます利用方法が広がることが期待されている。

○ 学習活動

児童の学習過程に着目すると，系統学習と問題解決学習とに分類できる。学習課題を児童が見出す「問題解決学習」と教師が与える「課題解決学習」とを区別する考え方もあるが，実際には「混然一体になっている場合が多い」（内藤他，2005）。学習指導要領では「問題解決的な学習」と表現されている。家庭科では従来，課題解決型の学習過程（図 I-2-3）が主であったが，今日，問題解決的な学習の充実が求められ，小学校でも平成29年告示の学習指導要領からプロジェクト型の問題解決学習が導入された。これは，各自が生活の中から課題を見つけ，課題解決に取り組む学習活動である。その基本的な学習過程については，図 I-2-4のようなイメージが提示されている。

学習活動については，説明や示範に学ぶ受容活動，調理や裁縫などの実践的・体験的活動，テーマに沿って考えたり，説明したりする思考・判断活動，話合いや製作品の展示等による表現活動などがある。授業づくりは，目的に応じてこれらの学習過程や活動を効果的に組み合わせて行う。

第2章 授業づくりのために

生活の課題発見	解決方法の検討と計画		課題解決に向けた実践活動	実践活動の評価・改善		家庭・地域での実践
既習の知識・技能や生活経験を基に生活を見つめ、生活の中から問題を見出し、解決すべき課題を設定する	生活に関わる知識・技能を習得し、解決方法を検討する	解決の見通しをもち、計画を立てる	生活に関わる知識・技能を活用して、調理・製作等の実習や、調査、交流活動を行う	実践した結果を評価する	結果を発表し、改善策を検討する	改善策を家庭・地域で実践する

図Ⅰ-2-4 家庭科、技術・家庭科（家庭分野）の学習過程の参考例
出典：文部科学省（2017）『小学校学習指導要領 解説 家庭編』15頁。

（2）授業づくりのポイント

　家庭科の特色を踏まえながら、「主体的・対話的で深い学び」を実現するために、授業づくりでは以下のようなポイントをおさえるようにする。

(1) 児童の家庭・地域生活の実態を把握し、家庭との連携を図る

　多様な児童の生活実態をつかむには、アンケートや授業の導入時での挙手による調査が有効である。児童の個人情報の管理に十分配慮し、食物アレルギーの有無などの健康面、学習上の不安などを把握しておくようにする。

(2) 導入の工夫

　生活への関心を高めるために、家庭科では授業の導入がとくに重要である。児童の経験や生活観を引き出す発問や、生活観、価値観を揺さぶる事実の提示のほか、体験的な活動で学習課題を共有する方法なども効果的である。

(3) 題材構成の工夫

　生活は総合的なものであることを踏まえ、他教科の学習内容や季節、学校行事と関連させ、系統的段階的に題材を構成するようにする。

(4) 問題解決的な学習の充実

　問題解決的な学習では、生活の中から課題を発見することが重要である。そのためには、視点をもって生活をよく観察したり振り返ったりする必要がある。こうした視点の提示や、探究活動への支援、対話が弾む学習形態の工夫、思

考・判断・表現場面の計画的な設定などを行うようにする。

(5) 発信型の学習の充実

家庭科では実感を伴った言葉の理解や,自分の生活課題の解決方法を言葉や図表などで発表するなどの発信型の学習を充実するようにする。

(6) 指導方法・指導形態の工夫

学習過程での形成的な評価を生かし,個別指導などを取り入れて基礎的な知識・技能の確実な定着を図る。また,様々な指導形態や指導方法の長所を生かし適切に組み合わせて授業づくりを行うようにする。

2 授業づくりの実際

家庭科の授業には,育成する資質・能力に着目すると,生活に関わる知識・技能を培う学習,生活上の問題解決力を培う学習,家庭生活の大切さを認識し,生活を創意工夫する力を培う学習の主に3つの形態がある。

(1) 生活に関わる知識・技能を培う学習

(1) 布を用いた物の製作や裁縫の学習指導

袋づくりなどの製作活動や裁縫では,製作活動そのものから様々な知識および技能を学んでいけるように,表Ⅰ-2-1のような指導が行われることが多い。

表Ⅰ-2-1 布を用いた作品の製作や裁縫の学習指導の進め方の例

学習過程	児童の主な学習活動
生活を見つめる	① 布製品が家庭でどのように活用されているか,布の種類や縫い方などを調べてくる(洗濯,整理・整頓なども同様)
活動する	② 見てきたことを基に話し合い,つくりたい物を決めたり,活動への意欲を高める(資料として作品例などがあると話し合いが深まる) ③ 自分の力を考えて,製作のめあてを決め,製作計画を立てる ④ 計画に沿って製作活動を行う
生活に生かす	⑤ 自分の課題に対する自己評価,友達との相互評価を行う ⑥ 実際に作品を使用し,改善点を考え,学習をまとめる

出典:筆者作成。

表I-2-2 調理実習の学習指導の進め方の例

学習過程	児童の主な学習活動
生活を見つめる	① 学習前に切り方や火力の調節の仕方,水加減などを視点をもって家庭で見てくる
活動する	② 見てきたことをもとに2人組で話し合って計画を立て,協力して1回目の調理を試みる ③ 1回目の調理を振り返り,課題をつかむ。それを全体で発表し合い,全員でよりよい調理のあり方をまとめる ④ 調理実習計画に沿って,2回目の調理を行う ⑤ 課題に沿って自己評価し,グループで互いに調理を見合い認め合う
生活に生かす	⑥ 家庭での実践計画を立てる ⑦ 家庭実践を行い,発表し合う(評価・改善も図れるようにする)

表I-2-3 栄養素の働きについての学習指導の例

学習過程	児童の主な学習活動
生活を見つめる	① 給食の献立を調べ,どのような食品を食べてきたかを振り返る。自分の朝食を振り返る学習もよく行われる(家庭環境に留意が必要)
活動する	② それぞれの食品に含まれる栄養素を分類し,さらに「体内での3つの働き」に分ける。また,よりよい食事のとり方について話し合う
生活に生かす	③ 栄養を考えた朝食や1食分の献立を考え,発表し合う ④ 家庭実践を行い,発表し合う(評価・改善も図れるようにする)

出典:表I-2-2,I-2-3ともに筆者作成。

(2) 調理実習の学習指導

調理実習では1回の活動で課題をつかみ改善を図るのは難しい。そこで極力1つの題材で2回調理を行い,課題把握と解決とが行えるようにする(表I-2-2)。

(3) 話し合いが中心となる学習指導

栄養についての学習などの話合いが中心となる場合は,児童の家庭や学校での生活との関わりを取り上げるようにする(表I-2-3)。

(2) 生活上の問題解決力を培う学習指導

新学習指導要領には,「習得した『知識及び技能』を活用し,『思考力,判断力,表現力等』を育成することにより,課題を解決する力を養うこと」(「解

説」14頁）と示されている。こうした活用型の学習のほかに，「日常生活の中から問題を見いだして課題を設定し，様々な解決方法を考え，実践を評価・改善し，考えたことを表現するなど，課題を解決する力を養う」（『解説』14頁）プロジェクト型の学習も行うよう示されている。この学習については，「『A 家族・家庭生活』の(2)または(3)，『B 衣食住の生活』，『C 消費生活・環境』で学習した内容との関連を図り，2学年間で一つまたは二つの課題を設定して」（同，74頁）行うこととされている。

具体的には，卒業前にお世話になった地域の人々を招いて「感謝のつどい」を開く学習などが考えられる。簡単な茶菓や手づくりのティーマットの製作など児童が発案して計画を立てるなど，児童一人ひとりの発想やこれまでの学びが生かされる問題の設定と実践とが求められている。

（3）家庭生活の大切さを認識し，生活を創意工夫する力を培う学習

この学習については，家庭生活の多様化により扱いが難しいといわれることが多い。しかし，「社会の変化に対応した家庭科教育を行うためには，重要な役割を果たしていく領域」（藤脇，1997，90頁）だといえる。小学校家庭科では，家族自体に関する学習内容はないが，「家庭の仕事」などの学習のなかで，家族の状況があらわになる可能性がある。よって，児童の家庭状況に十分配慮して扱う必要がある。学習にあたっては，多様な家庭生活の仕方や価値観に触れ，

表 I-2-4　家庭生活の大切さを認識し，生活を創意工夫する力を培う学習指導例

学習過程	児童の主な学習活動
生活を見つめる	① 学習課題について，家庭生活ではどう行われているかを調べてくる（家庭の仕事調べ，生活時間調べ，家庭内の各場所の明るさ調べなど）
活動する	② 調べたことを発表し合い，多様な生活のあり方について知る ③ 調べたいことを発表し合い，学習課題をつくる 　（団らんの時間を増やす工夫，勉強する場所の照明の仕方など） ④ 学習課題の解決策を考え工夫する（実験実習やインタビューなど）
生活に生かす	⑤ 調べ，解決したことを活用して日常生活で実践する計画を立てる ⑥ 家庭実践を行い，発表し合う（評価・改善も図れるようにする）

出典：筆者作成。

児童の生活に係わる見方・考え方が広がり深まるようにする必要がある（表Ⅰ-2-4）。

3　指導計画・評価計画

(1) 年間指導計画の作成

　家庭科で育てる資質・能力は2年間の学習を通して培う。よって，年間指導計画の作成では次の点を考慮する。

- 児童が2学年を見通して目標を達成し，自分の成長を自覚できるようにすること。
- 児童が課題をもって主体的に学び，学んだことを自分の生活に生かすことができるようにすること。
- 習得した事柄を次の学習に活用したり，家庭生活に発展させたりできるようにすること。
- 家庭，学校，地域での生活との関連を図り，学習への興味・関心を高め，進んで学習に取り組むことができるようにすること。

そのためには，以下の内容も踏まえながら立案していくとよい。

- 児童の実態に合った計画を立てる。
- 基礎から応用へ，簡単なものから複雑なものへと履修学年を見通しつつ系統的に題材を配置する。
- 家庭生活の総合性を考えて，調理実習と消費生活の学習とを組み合わせるなど題材構成を工夫して効果的な学習が展開できるように配慮する。
- 学校や地域の行事との関連を図り，学習したことを活用できる場をつくる。
- 四季の季節感や衣替えなど生活の変化も考慮するようにする。

　次頁の表Ⅰ-2-5は，実践力の育成を重点とした年間指導計画の例（5年生，

第Ⅰ部　家庭科教育とは

表Ⅰ-2-5　実践力の育成に重点を置いた年間指導計画例

月	テーマ	第5学年（60時間） 題材（時間数）	学習指導要領	月	テーマ	第6学年（55時間） 題材（時間数）	学習指導要領
4	家庭生活を見つめよう	1 家庭科の授業を始めよう(2)		4	家庭生活を見直そう	1 6年生の生活を計画しよう(2)	
		・家庭科ってどんな教科かな(1)	A(1)ア			・6年生の学習目標を立てよう(1)	A(1)ア
		・家庭科室探険・お茶いれ(1)	B(2)ア			・生活時間を見直そう(1)	A(2)ア
5		2 自分の成長と家庭生活(4)				2 おいしい朝食で健康に(6)	
		・家庭生活を見つめてみよう(1)	A(2)ア(3)ア	5		・朝食を見直そう(1)	B(1)ア(3)ア(ア)
		・できる仕事を増やそう(2)				・健康朝食を考えよう(1)	B(3)ア(ア)(イ)
		・家庭の仕事にチャレンジ(1)	A(2)イ			・おいしい健康朝食を作ろう(4)	B(3)ア(ア)〜(エ)
		3 手縫いの基礎と小物作り(8)		6		・家庭実践を計画しよう(1)	B(3)イ
6		・手縫いでできること探し(1)				3 夏を涼しくさわやかに(8)	
		・手縫いで小物を作ろう(6)	B(5)ア(ア)			・夏の生活の工夫探し(1)	C(6)ア(ア),C(2)ア
		・手縫いを生活に生かそう(1)	B(5)ア(イ)			・自然を生かす夏の生活の工夫(4)	
		4 ゆでる料理にチャレンジ(6)				・洗濯にチャレンジ(4)	B(4)ア(イ)
7		・ゆでるよさをみつけよう(1)	B(2)ア(ア)〜(エ)	7		・夏の生活の工夫(1)	C(6)イ
		・ゆで野菜・いもの調理(4)				夏休みの家庭実践計画(1)	A(4)ア, B
		・家庭実践を計画しよう(1)				夏休みの家庭実践報告(1)	
		夏休みの家庭実践計画(1)	A(4)ア, B	9		4 生活に役立つ袋を作ろう(10)	
9		夏休みの家庭実践報告(1)			家庭の仕事にチャレンジしよう	・身の回りの布製品探し(1)	B(5)ア(ア)
	家庭の仕事にチャレンジしよう	5 衣服の働きと手入れ(4)		10		・生活に役立つ袋作り(8)	B(5)ア(イ)
		・衣服の働き(1)				・作品発表会をしよう(1)	
		・衣服の手入れを調べよう(1)	B(4)ア(ア)	11		5 おいしい昼食で健康に(8)	
		・衣服の手入れをしてみよう(1)				・毎日の昼食をみつめよう(1)	B(3)ア(ア)(イ)(ウ)
10		・家庭実践計画を立てよう(1)	B(4)イ			・健康昼食献立を立てよう(3)	B(3)ア(ウ)
		6 ごはんとみそ汁の調理(8)				・健康昼食を作ろう(3)	B(3)ア(ア)〜(エ)
		・毎日の食事を振り返ろう(1)	B(1)ア			・家庭実践を計画しよう(1)	B(3)イ
11		・ごはんとみそ汁の調理(6)	B(2)ア(オ)	12		6 冬を明るく暖かく(6)	
		・家庭実践を計画しよう(1)	B(2)イ			・冬の生活の工夫探し(1)	
		7 気持ちのよい住まい方(6)				・冬を明るく過ごそう(1)	B(6)ア(ア)
		・身の回りを見つめてみよう(1)	B(6)ア(イ)			・冬を暖かく過ごそう(3)	
12		・整理・整頓と掃除にチャレンジ(4)				・自然を生かす冬の生活の工夫(1)	B(6)イ, C(2)イ
		・学校のクリーン大作戦(1)	B(6)イ			冬休みの家庭実践計画(1)	A(4)ア, B
		冬休みの家庭実践計画(1)	A(4)ア, B	1		冬休みの家庭実践報告(1)	
1		冬休みの家庭実践報告(1)			生活をつくりだそう	7 卒業記念の会を開こう(8)	
	生活に生かそう	8 買い物名人になろう(5)				・人との関わりを見直そう(1)	A(4)ア, B, C
		・家庭生活と買い物(1)	C(1)ア(ア)			・卒業記念の計画を立てよう(3)	
2		・物の選び方・買い方(3)		2		・卒業記念の会を開こう(4)	A(4)イ
		・買い物名人になろう(1)	C(1)イ	3		8 これからの家庭, 地域生活(2)	
		9 ミシン縫いに挑戦(12)				・家庭や地域生活を見直そう(1)	A(1)ア(3)ア(イ)
		・ミシン縫いのよさを見つけよう(1)	B(5)ア(ア)			・地域実践計画を立てよう(1)	A(3)ア
		・ミシン縫いにチャレンジ(5)				9 2年間の学習を振り返ろう(1)	(1)A(1)ア
3		・レターポケットを作ろう(6)	B(5)イ				
		10 1年間の学習を振り返ろう(1)	(1)A(1)ア				

注：( )内は授業時間数。
出典：筆者作成。

６年生の２年間を通して考慮したもの）である。立案の際には，指導内容が学習指導要領の内容を網羅しているかも確認する。

（2）題材の指導計画・評価計画

次に個々の題材の指導計画と評価計画を作成する。評価は，文部科学省から示されている「観点別学習状況」についての評価の観点に沿って行う。

各題材の観点別の評価規準については，国立教育政策研究所から出されている「評価規準作成のための参考資料」(https://www.nier.go.jp/kaihatsu/houkoku/hyoukakijun_shou.pdf) を参照されたい。その観点をもとに「十分満足できると判断されるもの」をＡ，「おおむね満足できると判断されるもの」をＢ，「努力を要すると判断されるもの」をＣとする３段階の具体的な評価基準を設定して評価を行う。

（3）一人ひとりを見取るための評価記録

評価は，児童のよさをさらに高めるためにある。評価を指導に生かす「指導と評価の一体化」が大切なのである。そのためには，結果を評価するだけでなく，学習過程での意欲や努力，創意工夫や表現を見取る「形成的評価」を積極的に行うようにする。一人ひとりのよさを見取るには，座席表や記録簿に児童の様子を記録していくとよい。

4 学習指導案の作成

授業展開を具体的に示すのが，学習指導案である。児童の学習活動を予想し授業をイメージできるため，学習を円滑に進めることができる。また授業を反省し，改善する際にも役立てることができる。

学習指導案には多様な形式があるが，一般的に盛り込まれる項目や内容を30～31頁に具体的に示し，続いて要点を示す。

第Ⅰ部　家庭科教育とは

家庭科学習指導案（第6学年）

〇〇年〇月〇日
〇市立△小学校　第6学年〇組
男子〇名　女子〇名　計△名
授業者　〇〇　〇〇　印

1　題材名
　縫って使おう！　生活を楽しく豊かにする布製品（全10時間）

2　題材設定の理由
　本題材は，学習指導要領のB（5）のア（ア）（イ）ならびにイの内容を踏まえ，日常生活の中で活用できる生活を楽しく豊かにする布製品の製作を手縫いやミシン縫いを用いて製作することをねらいとしている。
　児童はこれまでに裁縫用具の扱い方や基本的な手縫い，ミシン縫いの知識と技能を習得してきた。本題材では，材料である布に目を向けさせ，身の回りにはたくさんの布製品があることや，布の特徴についても気付かせたい。また，この製作を通して，縫うことへの意欲と確かな知識・技能の習得ならびにそれらを作品の製作に活用することで生活が豊かになることのよさや達成感を味わわせたい。

3　題材の目標
　(1) 身の回りの布製品に関心をもち，生活を楽しくする布製品の製作に意欲的に取り組もうとする。
　(2) 布の特徴やよさを考え，目的に応じて形や大きさ，縫い方を自分なりに工夫したりしている。
　(3) 製作計画を立て，手縫い，ミシン縫いを用いて，安全に留意しながら作品を製作することができる。
　(4) 布の特徴やよさがわかり，ミシンや用具の安全な使い方，ならびに製作計画の立て方，手製作の手順，時間の見通しについて理解している。

4　題材の評価規準

	家庭生活への関心・意欲・態度	生活を創意工夫する能力	生活の技能	家庭生活についての知識・理解
題材の評価規準		略		
学習指導に即した具体的な評価基準				

5　児童の実態
　基本的な手縫い，ミシン縫いは，ほとんどの児童がひとりでできるようになっている。

しかし，技能については個人差が大きい。また，自分で製作する作品を決め，計画を立てて製作するのは初めてなので，学習への意欲は高いが，見通しをもって作業ができるように支援を行う必要がある。

6 題材の指導計画
  (1) 身の回りの布製品を見つめよう…1時間（本時 1/10時）
  (2) 製作計画を立てよう…1時間
  (3) 計画にそって製作しよう…7時間
  (4) 作品の発表会をしよう…1時間

7 本時の学習指導
  (1) 本時の目標
    生活の中には多様な布製品が使われていることに気づき，布の特徴やよさについて理解する。
  (2) 本時の展開（1/10時）

学習過程	児童の主な学習活動	指導上の留意点	◇評価（観点）〈方法〉
導入（10分）	1 自分の衣服を触ったり，折ったりして感じたことを発表する。紙との違いを話し合う 2 衣服以外の身の回りにある布製品を班で探して発表する	・紙と比較することで，布の特徴に気づくことができるようにする ・起床時，食事時，登校時の生活場面のイラストを黒板に貼り，様々な布製品に気づくことができるようにする	
展開（25分）	布製品の特徴やよさを見つけよう 3 見つけた布製品を班ごとに発表する 4 布が使われている理由を考え，発表する	・イラストの生活場面ごとに板書し生活との多様な関わりに気づかせる ・3で取り上げた布製品の機能を考えるように促す。様々な布製品を用意し，触って調べることができるようにする	◇進んで調べたり，発表したりしているか（関・意・態）〈児童観察〉
まとめ（10分）	5 布の特徴やよさについて班で話し合い，発表する 6 本時の学習のまとめをする	・紙との比較を想起させることで，環境保全の視点にも気づくことができるようにする ・児童のことばで学習をまとめ，板書をする	◇布の特徴やよさについて発表できているか（知）〈発言〉 ◇布の特徴やよさについて理解できているか（知）〈ノート〉

学習指導案を書く際は，中央に「家庭科学習指導案」とやや大きめの字体で書く。続いて右端に，「指導実施日時」「授業学級」「指導者（名前の後に押印）」を記し，次の項目を書く。

① 題材名：本時の「大題材名」を記し，指導時間数を括弧書きする。
② 題材設定の理由：この題材を選んだ理由や取り組みの意識，方法を示す。続いて本題材が学習指導要領のどの内容に該当するのかを記す。次に学習内容の解釈を示す「教材観」，指導方法の工夫を表す「指導観」等を書く。
③ 題材の目標：題材の学習目標を評価の観点に沿って箇条書きで書く。
④ 題材の評価規準：評価の観点に沿って，表を作成して示す。
⑤ 児童の実態：本題材に関わる学習経験や生活実態，関心などを書く。
⑥ 題材の指導計画：題材全体の指導計画を時間数とともに書く。本時の授業は（本時，○時／全指導時間）と記して，題材内での位置づけを示す。
⑦ 本時の学習指導：「小題材名」「本時の目標」「本時の展開」を書く。「児童の主な活動」は児童を主語にして書く。「主発問」は四角囲みにする。

5　学習環境の整備

（1）安全管理と指導

　家庭科では刃物や火気を用いることから，安全への配慮が要となる。安全指導には，児童に危険が及ばないように学習環境を整備する「安全管理」と，児童が自ら危険を察知し回避できるように指導する「安全指導」とがある。
　用具の安全点検などの「安全管理」は，日を決めて全校で組織的定期的に行うようにする。また，家庭科室には応急処置のできる救急箱を用意し，緊急時の校内の連絡体制網，災害時の避難経路表などを常掲しておく。
　また，食物アレルギーの内容や程度，対応の方法など児童一人ひとりの健康上の配慮について常に把握し，保護者との連絡を密に取るようにする。
　児童に対しては，日頃から危険を予測できるよう「安全指導」を行う。たとえば，ゆでる調理を行う際，熱湯でどのような危険が起こりうるか，どう

扱えばよいか,万一火傷を負ってしまった場合はどうしたらよいかなどを考えさせ,児童が互いに安全を守り合って行動できるように指導する。

(2) 学習用具の点検と整備

　食器や学習用具は,表に数量や状態などを整理・記録して,定期的に点検を行う。とくに包丁やはさみの数や切れ味,鍋やフライパンの持ち手の強度,ガスこんろやホース,ミシンなどの動作確認や安全点検は,学習前に学年の教師集団などで組織的に行い,清潔で安全な状態が保たれるように留意する。

(3) 個に対応した指導のための環境整備

　手先が思うように動かせない,グループでの活動では集中力が保てないなどの理由から家庭科に苦手意識をもつ児童もいる。そこで,以下のような手立てを講じるようにする。

① 本時のめあてを具体的に板書する。絵での表示があるとさらによい。学習する内容や方法などもできるかぎり絵などで視覚的に提示する。
② 調理実習や製作学習では,作業の手順を書いたカードを児童に順番に並べさせ,行動の順序を確認できるようにする。
③ グループ編成の際に,苦手さや困り事を自分だけで解決できない状態にある児童の傍に,本人が相談をもちかけやすい面倒見のよい児童に加わってもらうようにする。
④ 包丁を怖がる児童に対しては,市販されている児童用の指保護具を使わせたり,食事用のナイフで練習させ自信がもてるようにする。
⑤ 特別な配慮の必要な児童については,保護者の要望をよく聞いて連携を図り,学校で対応できることについて共通理解を図っておく。
⑥ 縫製学習では,目の粗い布やチェック柄など縫いやすい布,糸通し器などの補助具を用意し,必要に応じて利用できるようにしておく。

引用・参考文献
市川　尚・根本淳子編著(2006)鈴木克明監『インストラクショナルデザインの道具

第Ⅰ部　家庭科教育とは

箱101』北大路書房。
大竹美登里編（2003）『新版テキストブック家庭科教育』学術図書出版社。
教師養成研究会家庭科教育部会編（2009）『小学校家庭科教育研究』学芸図書。
国立教育政策研究所教育課程センター（2010）『評価規準の作成，評価方法等の工夫改善のための参考資料（小学校）』。
内藤道子・内野紀子・浜島京子・近藤　恵（2005）『生活の自立と創造を育む家庭科教育――小・中学校を中心として』家政教育社。
日本家庭科教育学会編（2000）『家庭科の21世紀プラン』家政教育社。
藤脇恭子（1997）『家庭科　くらしを見つける2年間』国土社。
文部科学省（2017）『小学校学習指導要領　解説　家庭編』。
武藤八恵子・伊藤葉子・川嶋かほる・財津庸子他（2004）『中学校家庭科教育に向けて　授業を拓く』教育図書。

学習の課題

(1) 児童用教科書の目次を使って5・6年生の「年間指導計画」を作成し作成の意図と題材構成の工夫について書こう（34字×2～3行）。
(2) 好きな題材を1つ選んで学習指導計画を作成してみよう。
(3) 好きな題材を1つ選んで学習指導案を作成してみよう。

【さらに学びたい人のための図書】

藤脇恭子（1997）『家庭科　くらしを見つける2年間』国土社。
　　⇨子どもの実態を踏まえ系統性を大切にしながら進められる子ども主体の授業実践の記録。今日でも十分学ぶ価値のある名著。
町田万里子（2001）『共につくる家庭科授業――自分が変わる・まわりも変わる』初等教育研究会／不昧堂出版。
　　⇨「総合活動との関連を探りながら」子ども主体の授業はどのようにつくっていけばよいのか授業実践を基にいきいきと示した名著。
勝田映子（2010）『子どものよさを活かす家庭科授業――出会う・かかわる・創り出す』初等教育研究会／不昧堂出版。
　　⇨子どもを中心とした小学校家庭科の授業づくりについて授業実践の書。教師の働きかけや児童の反応等が具体的に描かれている。
勝田映子（2016）『スペシャリスト直伝！　小学校家庭科授業　成功の極意』明治図書。
　　⇨家庭科の授業づくりのポイントを18項目，Q&A方式で示しており，授業の具体的なアイデアが50例載っているので授業づくりの参考にできる。

（勝田映子）

第Ⅱ部
家庭科教育の授業づくり

第3章 「家族・家庭生活」の学習

この章で学ぶこと

　家庭科では，子どもが多様な家族や生活を知り，家族や社会の一員として生活をよりよくしようとする実践的な態度を育てる。そのために，子どもが家族との関わりや日常生活の営みを見つめ直すきっかけをつくり，自分の生活の中から課題を見出して解決方法を考えられるように，解決する力を養う学習の展開を考えたい。本章では自分と家族の生活について，家族や地域の人々との関わり，社会の中の自分と家族の観点から検討する。

1　家族・家庭生活の学習とは

(1) 社会の変化と家族

　現代の家族は変化し，家族の在り様は多様である。家族と家族の周りの環境の変化を捉えるために，「国勢調査」などの統計的調査では「世帯」という単位が使われる。世帯とは，現実の生活に則して，同一の住居で生活し大部分の生計を同じくする人々の集団をいう。たとえば，大学生のひとり暮らしや単身赴任の場合は，家族であるが別世帯になる。また家族ではないが同一の世帯になるケースもある。

　家族の生活実態を把握するために世帯単位で，国民生活基礎調査が行われる。図Ⅱ-3-1の厚生労働省の国民生活基礎調査によると，2016（平成28）年6月の全国の世帯総数は4994万5千世帯である。世帯構造では「核家族世帯」が60.5％を占めている。世帯規模は小規模になっており，平均世帯人員数は，1989（平成元）年に3.1人だったが，1998（平成10）年は2.81人，2007（平成19）年に2.63人，2016（平成28）年は2.47人と3人以下が増えている。

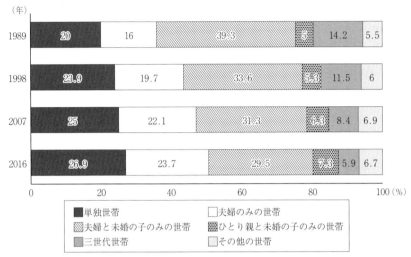

図Ⅱ-3-1　世帯構造別による世帯数の構成割合の推移

出典：厚生労働省「平成28年国民生活基礎調査の概況」をもとに筆者作成。

　「単独世帯」は年々増加し，とくに「高齢者世帯」の1327万1千世帯のうち，単独世帯は49.4％である。65歳以上の高齢者世帯での女性の割合は33.6％，男性は15.8％が単独世帯である。一方で「夫婦と未婚の子」の世帯は減少傾向にある。「三世代家族」「その他の世帯」は約1割である。しかし，こうした傾向は全国の総数の値からいえることであり，世帯の構成割合は，大都市部とその他の市部による差があることを留意する必要がある。

　65歳以上の人口が全人口の7％超えると高齢化社会，14％を超えると高齢社会，21％を超えると超高齢社会とされる。日本は1970（昭和45）年に高齢化率7.1％と高齢化社会になり，2007（平成19）年には21.5％と超高齢社会になった。

　また2015（平成27）年には15歳未満人口が12.7％と，全都道府県で初めて15歳未満人口の割合が65歳以上人口の割合よりも下回った。15～49歳までの女性が生涯に産む子どもの数を図Ⅱ-3-2の合計特殊出生率で表すと2016（平成28）年は1.44である。

　国立社会保障人口問題研究所によると，人口置換水準（ある死亡の水準のもと

第Ⅱ部　家庭科教育の授業づくり

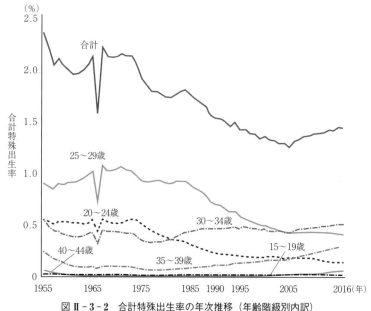

図Ⅱ-3-2　合計特殊出生率の年次推移（年齢階級別内訳）
出典：厚生労働省「平成28年人口動態統計月報年計（概数）の概況」より。

で，人口が長期的に増えも減りもせずに一定となる出生の水準）は，2.07である。現在は，合計特殊出生率が人口置換水準を下回っており，かつ子どもの数が65歳以上の人口よりも少ない，少子社会である。さらに平均初婚年齢は，夫31.1歳，妻29.4歳と2015（平成27）年まで晩婚化や晩産化の傾向がみられる。現代の結婚事情は変化しているといえるだろう。

　こうした変化のなかで家族の触れ合う時間は減り，生活体験の乏しい子どもが増えている。また，地域や社会から孤立した個人や家族の問題が生じている。

2　家族・家庭生活の学習内容

（1）学習指導要領における「家族・家庭生活」

　新学習指導要領の「A　家族・家庭生活」では，「(1) 自分の成長と家族・家庭生活」，「(2) 家庭生活と仕事」，「(3) 家族や地域の人々との関わり」，「(4)

家族・家庭生活についての課題と実践」の項目から構成される。これらの4項目について，課題をもって，家族や地域の人々と協力し，よりよい家庭生活に向けて考え，工夫する学習活動を行う。

　家族・家庭生活の学習では，児童が自分の成長の自覚や家庭生活における家族の協力の大切さに気づき，仕事や生活時間の使い方について理解し，家族との触れ合いや団らんの大切さ，地域の人々との協力の大切さを理解するなど，基礎的・基本的な知識を身につけることができるよう指導する。学習活動を通して，衣食住等を中心とする生活の営みの大切さに気づくとともに，日常生活の中から問題を見出して，課題を設定し解決する力と生活をよりよくしようとする実践的な態度を養うことをねらいとする。

　少子高齢社会の進展と多様な家族の在り様や家庭の機能の変化に対応して，家族や地域の人々と関わる力を育てるという点から次の項目が新設されている。「(3) 家族や地域の人々との関わり」で幼児または低学年の児童，高齢者など異なる世代の人々との関わりに関する内容を扱うこととしている。また，実生活での活用のために，「(4) 家族・家庭生活についての課題と実践」として，Aの「(2) 家庭生活と仕事」または「(3) 家族や地域の人々との関わり」を軸とし内容「B 衣食住の生活」，「C 消費生活・環境」との関連を図りながら，第5学年と第6学年で1つか2つの課題を設定して実践的活動を家庭や地域で行う。「(4) 家族・家庭生活についての課題と実践」は，2学年間を見通して題材を計画的に配列し，生活の課題発見，解決方法の検討と計画，課題解決に向けた実践活動，実践活動の評価・改善の4段階の学習過程を経て課題を解決する力を育て，家庭・地域での実践につなげる活動として位置づけられる。文部科学省の答申では目指す資質・能力として，生活の中から問題を見出し解決すべき課題を設定する力，生活課題を多角的に捉え解決策を構想する力，実習や観察・実験の結果等について考察したことを表現する力，他者と意見交流し実践等について評価・改善する力をあげている。

　内容の取り扱いに関して，「(1) 自分の成長と家族・家庭生活」のアの事項は，第4学年までの学習を踏まえ，2学年間の学習の見通しをもたせるための

ガイダンスとして取り扱い，第5学年の最初に履修させる。また家庭科の特質に応じた物事を捉える視点や考え方として，思考力，判断力，表現力等の学びの過程で，「生活の営みに係る見方・考え方」を働かせることが求められる。「生活の営みに係る見方・考え方」として，「A 家族・家庭生活」における「協力」の視点，「B 衣食住の生活」における「健康，快適，安全」や「生活文化の大切さへの気づき」の視点および「C 消費生活・環境」における「持続可能な社会の構築」等の視点との関連を図る。また「(2) 家庭生活と仕事」のイについては，Bとの関連を図り，衣食住の仕事を実践できるようにする。「(3) 家族や地域に人々との関わり」のイについては，他教科等との関連を図るよう配慮する。

　小学校家庭科では，家族や地域の人々と関わり協力しようとする態度，日本の生活文化を大切にしそのよさに気づこうとする態度，生活を楽しみ味わい，豊かさを創造しようとする態度，家族の一員として生活をよりよくしようと工夫する実践的な態度を育てることを目指している。

(2) 自分と家族——家族とは

　家族とは何だろうか。人それぞれの家族のイメージがある。では，何をもって家族とするのだろうか。家族構成から分けると，核家族や拡大家族がある。また，自分が子どもの立場である家族を出生家族（定位家族・生育家族），親の立場である家族を創設家族（生殖家族）として分けることがある。

　親子や兄弟姉妹などの血縁関係や婚姻関係で結ばれ，同居し生計をともにすることが家族であるとする見方がある。しかし近年では，単身赴任や進学等によって，家族は必ずしも居住を同一にしているとは限らず，共働きの増加により2つの個計（個人の会計）で家計（家庭の会計）が成り立つケースも多い。事実婚や同性カップルの家族もある。このように，家族としてつないでいるものは様々で，家族と家族でない者を分ける境界は明確にしにくい。しかし，私たちは，それぞれに自分が考える家族があり，ファミリー・アイデンティティがある。家族は共通の家族意識をもつ特別な存在である。

家族のいる場所や空間を家庭といい，家庭で行われるすべてが家庭生活である。私たちは家庭において，衣食住に関わる様々なことを行い，ものや時間，お金の使い方を工夫し管理しながら生活している。私たちは家族や家庭生活について，改めて考えることはほとんどないであろう。しかし，家庭は家族が互いに心と身体の健康を培いながら，子どもの養育，高齢者や病人の介護，労働力の提供，生活文化の伝承など，生活の基盤となる場所である。私たちは日々の出来事から身近にいる家族や友人，親戚，近所の人の存在の大切さを見直し，毎日の生活の営みのなかで人々との関わりについて考えさせられることもあろう。

(1) 結婚と離婚

○ 結　婚

結婚は，法律上，両性の合意に基づき婚姻届を出して婚姻が成立する。民法では，婚姻関係について法律上の義務や権利を規定している。たとえば，婚姻適齢の定めがあり，現在，男性は満18歳，女性は満16歳からである（早ければ2021年から男女とも18歳に引き上げる方向である）。さらに民法では，

① 夫婦どちらかの姓に変える夫婦同氏（民法750条）

② 同居し，互いに協力し扶助しなければならない（民法752条）

③ 婚姻から生じる費用を分担する（民法760条）

④ 日常の家事に関する債務は連帯して責任を負う（民法761条）

と定めている。

このような法律婚に対して，婚姻届を出さずに事実婚を選択するカップルも増えている。法律上は認められていないが，同性カップルをパートナーとして認める自治体も出ている。東京都渋谷区は，任意後見人契約や共同生活に合意したカップルに対して，パートナーシップ証明書を発行している。こうした例はまだまだ少なく，事実婚においては，配偶者が死亡した際の相続人にはならない。同性婚のパートナーが税金の控除や年金受給，相続に関する行政サービスを受けるのは難しい現状もある。

現行法が家族の生活実態と合わないのではないかという議論もある。先進国

では、異性・同性にかかわらず同棲するカップルを法的保障の対象とする動きがある。フランスの PACS 法（連帯市民協約）のように、異性・同性を問わず、1年以上同居するカップルは国と契約すれば、納税や遺産相続などで結婚しているカップルと同等の得点が与えられる。近年、先進国では、性や生殖と結びつかない結婚が容認されてきているといえよう。

○ 離　婚

　夫と妻が結婚を継続する意思を失えば、離婚となる。離婚には、協議離婚、調停離婚、審判離婚、裁判離婚がある。離婚による子どもの親権と監護権については、父母のどちらかが親権者として決められ、父母両方が親権者となることはできない。また子どもの養育は、父母が離婚後に協力関係が築けると見なされれば、父母の共同監護が実現する。親権は、子どもの身の回りの世話や教育を受けさせるなどの身上監護権と子どもの財産を管理する財産管理権に分かれ、子どものための親の権利である。

　今日では児童虐待の問題が増加しているが、もし親子間で発生した場合は、子どもの親は、親権喪失や一時停止の宣告を受ける。なお親権の停止、喪失の申し立ては、子ども本人から行うことができる。さらに、何らかの理由から親権者のいない子どもは、家庭裁判所が親権者の代わりに未成年後見人を選定する。未成年後見人は親権者と同一の権利義務を有する（民法857条）。また離婚後、子どもと離れて暮らす親が子どもと会う、面会交流権があるが、2012（平成24）年の民法等の一部改正において、協議離婚でも、親子の面会交流、子の監護に要する費用の分担等について明記され、離婚届に養育費と面会交流の取り決めの有無についてのチェック欄が設けられるようになった。15歳以上であったり自分の意見を述べることができる子どもの場合は、裁判所は子どもの意見を重要視し、子どもの擁護の観点に立ち決定する。

　2016（平成28）年の国民生活基礎調査によると、ひとり親世帯は81万世帯で児童のいる世帯の6.9%である。母子世帯は71万2千世帯で全世帯の1.4%、父子世帯は9万1千世帯、0.2%である。厚生労働省の2016（平成28）年度全国ひとり親世帯等調査では、ひとり親世帯になった理由は、母子世帯の80.2%、

父子世帯の76.3%が離婚である。母子世帯，父子世帯とも教育・進学，しつけの面で子どもについての悩みが多い。ひとり親の悩みとして，母子世帯は家計についてが50.4%，仕事に関して13.6%，自分の健康については13.0%である。父子世帯では，家計についてが38.2%，仕事に関して15.4%，家事について16.1%である。ひとり親が子どもを育てることの経済的な負担と，仕事や家事，育児・教育の問題がみられる。また父子世帯は，相談相手なしが44.3%，母子世帯の相談相手なし20.0%となっているが，相談相手は親族が多く，母子・父子福祉センターや福祉事務所などの公的機関は少ない。2016（平成29）年の子どものいる世帯の生活状況および保護者の就業に関する調査から，父子世帯で平日子どもと過ごす時間は1時間未満やまったくないが14.0%あり，親と夕食をとる回数の少ない孤食する子どもの割合は，ひとり親世帯22.8%と，ふたり親世帯の9.9%となっている。

このように家族には様々なかたちがあり，親や子どもの心の支えとなる相互交流や情報交換の機会をつくるなどして，社会との関わり合いがもてるようにする必要があろう。

(2) 自立とは

自分を子どもと思うか，大人と思うか，自分で生活するのに必要な衣食住の知識や技能を身につけ，身の回りのことができれば，生活的自立をしている。また，生活に必要な収入を得ることができて，そのお金を使い管理していくことができれば経済的自立をしているといえる。そして，自分で判断し，自分の行動に責任をもって行動できるようになれば精神的自立をしているといえるだろう。

しかし自立とは，生活的自立，経済的自立，精神的自立だけではない。社会的自立や性的自立も含まれる。社会的自立とは，人と関わり他者を理解し，人間関係を調整できることである。また性的自立とは，自分と相手の性を尊重し責任ある行動がとれることである。このように自立の捉え方は多面的であり，いずれかの自立ができれば自立しているというものではない。社会で暮らしていくためには，自分と他者が互いに協力し，支え合えるようになることが求め

られる。そのために様々な能力を身につけ，発揮できるようになった状態が自立といえよう。

(3) 自分の成長と家族や周囲の人との関わり

　私たちは皆，誰かに育てられた人である。誰かを育てた人でもあろう。誰もが世話をしてもらわなければ生きられない。誕生後，赤ちゃんは，世話をしてくれた人との関わりから，少しずつ回りの環境に順応し，音や声に反応し，動くものを目で追ったりするようになる。周囲の人々は，赤ちゃんの声に気づいて話しかけたり，応えるように関わる。やがて赤ちゃんは自分から立ち，歩き，走り，話す時がくる。こうした，家族や周囲の人との関わりと見守りのなかで，赤ちゃんから子どもに育っていく。

　誕生してから人間として成熟していく心身の連続した発育と発達の変化のプロセスが成長である。子どもは，家族や周囲の人との日常の生活環境のなかで，様々な影響を受け，また影響を与える関わり合いから，人間として成長していく。

　「家族は互いに情緒的なつながりを保ち（凝集性），子どもの成長などの状況に応じて望ましい状態に変化する（柔軟性）ことで適応的な家族機能になる」(Olson, 2000)。凝集性と柔軟性が適度にバランスよく機能して良好な家族機能を保つために，家族内のコミュニケーションが重要になる。家族は会話し，良好なコミュニケーションをとることが大切である。

　今日の子どもは，携帯電話等やマスメディアを通して学校の友達とつながり，家庭や学校以外で不特定の人々と，インターネットがつくりだす仮想社会を間においた関わりをもつようになっている。

　子どもは家庭で親とどんな関わりをしているだろうか。図Ⅱ-3-3は小・中・高校生がふだん親とどのような会話をするのかを（「よく話す」と「ときどき話す」割合）示したものである。これによると小学生は，親と「学校での出来事」や「友だちのこと」で会話することが多く，中・高校生になると「勉強や成績のこと」「将来や進路のこと」について会話が増えている。小・中・高校生と親の会話から，親子関係のコミュニケーションの特徴がみられる。

第3章 「家族・家庭生活」の学習

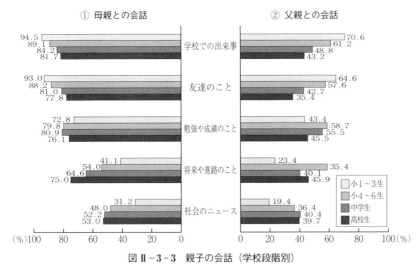

図Ⅱ-3-3 親子の会話（学校段階別）

出典：東京大学社会科学研究所・ベネッセ教育総合研究所共同研究「子どもの生活と学びに関する親子調査2016」17頁。

（3）生活を見つめる

(1) 家庭生活と仕事

○ 家庭の仕事

私たちは毎日の家庭生活を滞りなく送るために，様々な家庭の仕事をしている。自分と家族が生活していくために必要で，料理や掃除，洗濯などのように毎日の生活に付随して生じる仕事を家事という。ほかには，病人の介護や子どもの育児，家計の管理などがあり，家庭の状況に応じて多様である。

家庭の仕事は，家族や家庭内にいる人に対する愛情やいたわりをもって行われ，自分と家族の生活を支えるために不可欠である。また毎日の繰り返しのなかで，何をどのように行うかなど工夫や創造性が発揮されるが，ここまでという際限がない。現在では家庭内で行われていた仕事を家庭外に委託する場合もあり，自分では家事を行わずに商品やサービスを利用し，家事を外部化（社会化）することも増えている。

家庭の仕事を経済面から捉えて家事労働という。家事労働は，無報酬で行わ

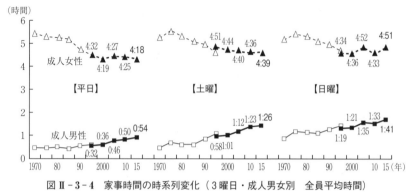

図Ⅱ-3-4　家事時間の時系列変化（3曜日・成人男女別　全員平均時間）
出典：NHK放送文化研究所「2015年国民生活時間調査報告書」45頁。

れる無償労働（アンペイド・ワーク）であることから，有償労働（ペイド・ワーク）の職業労働よりも社会的に評価されにくい面がある。また家庭の仕事の多くは女性が担っている。図Ⅱ-3-4のNHK放送文化研究所による2015（平成27）年国民生活時間調査によると，男女で家事時間に大きな差がある。時系列でみると，成人男性の平日・土曜・日曜の家事時間は増加傾向にあり，成人女性は，平日に子どもの世話や介護，看病などをする時間が減っている。

しかし妻の家事時間と仕事時間は，子どもの成長過程で変化する。2016（平成28）年の社会生活基本調査（総務省）によると末子が6歳未満の子どもをもつ夫と妻の家事と育児の時間は，妻の家事時間が3時間7分，育児時間は3時間45分で，夫は家事時間17分，育児時間は49分であった。現在は，妻が夫よりも家事と育児に多くの時間を担っている状況といえる。妻が育児を1人で行うワンオペ（ワンオペレーション）育児という言葉が広まっている。

このように末子の成長につれて，妻の家事関連時間は短く，仕事等の時間は長くなる傾向がある。ライフコースでは，職業労働と家事労働は生活を支える大切なものである。夫と妻が仕事と生活の調和（ワーク・ライフ・バランス）がとれるようにするためには，家族の立場やライフスタイルに合わせて，仕事と家事や育児などを分担し協力して行い，バランスをとりながら生活していくことが大切である。

第3章 「家族・家庭生活」の学習

◯ 家庭の仕事の分担

　家庭の仕事は，家族が全員で分担して行うものである。子どもは成長や発達するにつれ，家族に協力して頼まれたときにお手伝いができ，やがて自分の仕事として継続して分担することが増えていく。家族の一員として子どもが分担できる家庭の仕事が増えることは，子どもの責任感や達成感を高め，家族の役に立つ喜びや働くことの楽しみも生まれてくる。

　しかし現在の日本では子どもは塾やお稽古事などで忙しく，家庭の仕事を継続してする時間がない。小学5年生と6年生がしているお手伝いの状況を図Ⅱ-3-5の「子供の生活力に関する実態調査」報告書からみてみると，「いつもしている」と「時々している」を合わせて7割がするお手伝いは「買い物のお手伝い」と「食器を揃えたり，片づけたりする」である。

　現在の子どもは生活体験が乏しく，繰り返し行うなかで失敗から学んだり，工夫したりすることが少なくなったといえる。家庭の仕事は夫婦や大人だけで行うのではなく，子どもも成長と発達に応じて分担し協力していけるようにしたい。子どもは家庭の仕事を手伝うなかで，家庭科で学習したことを活用しながら家庭生活を整えるために必要な知識や技能を身につける。さらに責任をもって継続できる仕事を増やしていく必要がある。子どもは役割を繰り返し行うなかで，自立するための生活技術を習得し，仕事の見通しをもち段取りができる計画性や，生活をよりよくする工夫ができる創造性を発揮していくことができるのである。また家庭の仕事を家族が協力して行えば，子どもと家族のコミュニケーションが増えて，子どものコミュニケーションスキルを高めることができるだろう。

　家庭の仕事は頼まれるからやるのではなく，子どもが自発的に取り組み継続できることが大切である。それには家族が互いに感謝と労いの言葉かけをすることも必要である。子どもも自分にできる家庭の仕事を増やして，自分と家族のよりよい生活を考えていけるようにしたい。

第Ⅱ部　家庭科教育の授業づくり

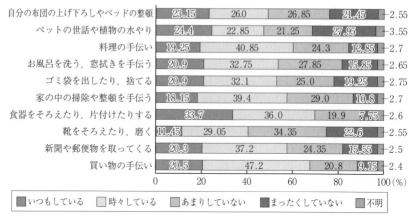

図Ⅱ-3-5　小学校5～6年生のするお手伝い

出典：独立行政法人青少年教育振興機構（2015）「子供の生活力に関する実態調査報告書」88～104頁をもとに筆者作成。

(2) 家族の生活時間

○ 家庭の仕事や働き方の見直し

　家族にとって，ワーク・ライフ・バランスは誰もが大切なことであるが，現実には生活時間の偏りから，心身が疲労し健康を害したり，暮らしに生きがいや喜びが得られないなど，働き方の問題がみられ社会的な問題となっている。

　この問題を解決するために，2007（平成19）年に「仕事と生活の調和（ワーク・ライフ・バランス）憲章」が策定され，行動計画が示された。ワーク・ライフ・バランスが実現した社会とは「国民一人ひとりがやりがいや充実感を感じながら働き，仕事上の責任を果たすとともに，家庭や地域生活等においても，子育て期，中高年期といった人生の各段階に応じて多様な生き方が選択・実現できる社会」である。

　私たちの1日の生活は様々な活動で構成され，時間配分の面からみたものを生活時間という。生活時間の使い方は，年齢や職業，平日と休日，大人と子ども，サービスの活用による生活行動の変化などによって変わってくる。

　生活時間を生活行動で分類すると，生理的生活時間（睡眠，身の回りの用事，食事など），職業労働時間（仕事，学業，通勤，通学など），家事労働時間（炊事，

洗濯，育児，介護など），自由時間（趣味，休養など）から構成される。

　生活時間の使い方から生活実態を把握し，生活課題が明らかなっている。今日の子どもの生活問題の1つである睡眠時間について，文部科学省の2014（平成26）年度「家庭教育の総合的推進に関する調査研究」によると，次の日に学校がある日の就寝時刻は，小学生は49.2%が午後10時までに就寝しているが，中学生は22.0%が0時以降に就寝しており，高校生は47.0%が0時以降に就寝している。朝型生活であるか，夜型生活であるかについて，小学生は9.9%が夜型で，中学生では夜型の生徒は22.2%，高校生では28.2%である。このように学校段階が上がると，夜遅くまで起きている子どもが増えている。遅くまで起きていて，次の日の授業中眠くなることや何でもないのにイライラすることがあるなど，生活に支障をきたす場合もみられる。さらに，携帯電話・スマートフォンとの接触時間（ゲームを除く）と，次の日に学校がある日の就寝時刻との関係では，小学生，中学生，高校生のいずれも，接触時間が長いほど，就寝時刻が遅くなる傾向がみられる。

　子どもも大人も2010（平成22）年以降，インターネットの利用者と利用時間が増加している。2015（平成27）年国民生活時間調査によると，趣味・娯楽・教養でインターネットを利用する人は平日28分，土曜日38分，日曜日43分利用している。

　家庭生活における生活時間の使い方は，家族が一人ひとり違う生活行動を行っていることに目を向けながら，家族とともに過ごす時間をつくりだせるように工夫する必要がある。

○ **性別役割**

　社会の中で女性と男性の区分が固定され，「夫は外で働き，妻は家庭を守るべき」という性別役割分業観から男女の格差や差別をもたらすなど，社会問題が生じている。生物学的な性差ではなく，社会的・文化的につくられた性差をジェンダーという。

　日本では1999（平成11）年に男女共同参画社会基本法が制定された。男女共同参画社会では，「男女が社会の対等な構成員として，自らの意思によって社

第Ⅱ部　家庭科教育の授業づくり

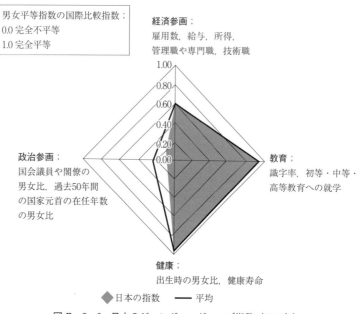

図Ⅱ-3-6　日本のジェンダー・ギャップ指数（2015年）
出典：世界経済フォーラム。

会のあらゆる分野における活動に参画する機会が確保され，もって男女が均等に政治的，経済的，社会的及び文化的利益を享受することができ，かつ，共に責任を担うべき社会」を目指している。しかし，現状では，ワーク・ライフ・バランスや DV（家庭内暴力），女性の貧困など多くの課題がある。図Ⅱ-3-6の男女の格差を示す2015（平成27）年のジェンダー・ギャップ指数（GGI）では，日本は政治や経済への関与が低く，女性の参画が遅れている。

　家庭生活や家庭の仕事の分担，働き方について，ジェンダーフリーの視点から見直していくことが，男女が対等な立場で参画できる社会の実現につながっていく。

　○ 家族との触れ合いや団らん

　現代の家族は親も子どもも忙しく，1日のうち家族全員が集まる時間をもてない家族が増えている。家族が食事以外で集まる機会は少なく，食卓は，家族

が食事をとりながら，会話を交わす大切なコミュニケーションの場でもある。食卓を囲む家族はどのようなイメージだろうか。家族の「団らん」というと，和やかな雰囲気のなか，楽しく会話を交わしながら，心のつながりを深める時間を過ごしている様子が浮かぶだろう。日々の生活の中で，何気なく行っていることであるが，家族が団らんの時間をもつことは，家族の絆を深めるうえで大切なことである。

現代の親と子どもはどのように触れ合う時間を過ごしているだろうか。9～14歳の子どもをもつ親と子の触れ合う平日の時間が短いことを，内閣府の『2000（平成20）年版青少年白書』では明らかにしている。またベネッセ教育研究開発センターによる小学生と保護者の子育て生活の実態等の調査（2011）では，平日母親が小学校低学年の子どもと一緒にいる平均時間は，専業主婦は443.1分であるのに対して，就労する母親は305.8分である。親が仕事で忙しいということが親子で触れ合う時間が取れない理由としてあがっている。家族の触れ合いの機会や家族の関わりが希薄になっているといえる。

現在は電話や手紙，Eメールや SNS（ソーシャル・ネットワーキング・サービス）などで，非接触で間接的に関わることが増えている。しかし家族の関係を深めるためには，直接，家族が顔を合わせ，声を聞き，触れ合う場面も必要である。家族の状況に応じて，普段何気なく行っている食事，家庭の仕事，団らんなどを見直し，工夫することで，触れ合う機会を増やすことはできる。

家族と一緒に過ごして，家庭の仕事をしたり，食事をしたり，買い物をするなどの行動のなかで会話も生まれる。会話は家族のコミュニケーションの手段である。家族が会話する機会を増やす必要があろう。

現在は，これまでの働き方や家族のあり方を模索している時期である。仕事も家庭も両立させる問題は，女性のみならず，男性の生き方や幸せに関わる問題でもある。育児休業や子の看護休暇，育児短時間勤務制度，所定外労働の免除など，働き方を支援する制度を利用することも考えられる。今後は地域で子育てを支援する事業などの充実が期待される。

(3) 地域の様々な世代とのつながり

◯ 近隣の人々とのつながり

かつて,家庭生活は地域社会と様々なつながりをもっていた。しかし,家族の生活が変化して,地域の人々との地縁によるつながりも変わってきた。職住近接でないと,居住地の人々との接点は少なく,家庭と職場,地域のつながりは希薄になった。内閣府の『2007(平成19)年版国民生活白書』によると,近隣とはあいさつ程度の付き合いを望む人が多く,「生活面で協力し合う人」は0人が65.7%,1～4人が28.0%である。地域の人々とは互いに無関心と感じる人が多いといえよう。

こうした意識は,家族が地域社会から孤立していく一因となる。たとえば,近所付き合いのない家庭の子育てで,悩みを抱えた親がどこにも相談できずに子どもを虐待してしまうこともある。また介護者から要介護者への虐待や孤立死なども,社会や地域から孤立した状態が誘因となる面もある。今日では家族規模が縮小しており,子育てや介護などの問題に直面したときに,家庭内だけでは対応しきれない場合も考えられる。私たちは地域社会とつながる必要がある。

近年,私たちは自然災害を経験してから近所付き合いの大切さに気づき,地域の役割の重要性を見直している。地域のつながりは,近所付き合いから地縁による町内会や自治会など様々な活動がある。また地域の課題解決を目指して活動を行うボランティア団体や NPO(特定非営利活動法人)などに参加してつながる関わり方もある。地域の様々な活動は,私たちが安全で安心して快適に暮らすために欠くことはできないといえよう。

子どもが地域の活動に参加する機会や地域の人々と交流できる場面は,どのようなものがあるだろうか。子どもは日常生活の中で,地域の人々にあいさつしたり,会話を交わすときがあるだろうか。地域の人々との支え合いによって,生活しているという意識をもって,地域とつながっていくことが大切である。

◯ 地域の支え合い

地域では,子どもや高齢者などの異世代の人々や,幼児や児童など異年齢の子どもなど様々な人が生活している。子どもは,異なる世代や年齢の人々との

交流を通して，人との関わり方，社会のルールや公共性を学び，思いやりや配慮をもって行動できるようになる。しかし，近年は，地域のつながりの希薄化とともに，子どもが多様な地域の人と触れ合う機会が少なくなっている。子どもをめぐる問題が深刻化している現在，地域の人々は，子どもの生活や育ちに対してどのように関わっているだろうか。

今日の社会的な問題として，家庭の経済的な格差が生活全般に影響して，子ども世代への連鎖が危惧されている。実際に家庭での学習習慣がない子どもや孤食，3食食べられない子どもがいるなどの状況がある。こうした背景から，最近では全国で「こども食堂」が激増している。次頁，図Ⅱ-3-7の写真は，滋賀県のこども食堂と学習支援教室の活動の様子である。ここでは，子どもたちだけでなく，地域の高齢者や子育て中の親，障がいのある方々などに居場所として開放し，参加者が異なる世代と交流できる機会をつくりだしている。個人や家庭内で問題を抱える人は相談にのってもらうなど，孤立しないように地域の人々に支えられている。

互助的な地域の助け合いが少なくなった現在では，自分や家族だけでは対処できないことを，地域の人々の協力を得て，必要な情報や利用できる人脈，専門的機関，モノやお金などの資源とつながり，新しい人と人とのネットワークをつくりだしていくことが求められる。

○ 高齢者，障がい者と家族，地域社会との関わり

今日の社会は，人口が減少し，少子・高齢化，人や情報，モノの国際化，経済のグローバル化などによって，家族や地域社会の在り様や働き方も変化しつつある。このような時代に，高齢者，障がい者は，家族や地域社会とどのように関わっていけるだろうか。

日本は子どもの数が減少する一方で高齢者の死亡数が増加する，人口減少社会である。人口減少によって，労働力人口が減少し，地域社会の活力低下，年金，高齢者医療費や介護費の増加などが問題となっている。さらに過疎化や限界集落の増加によって，地域に取り残される高齢者や障がい者の医療と介護の問題が出ている。

図Ⅱ-3-7　滋賀県内のこども食堂と学習支援教室の活動の様子
出典：筆者撮影（2017年7月）。

○ **高齢者との関わり**

　高齢者夫婦や高齢の人が老親を介護する老老介護の実態がある。2016（平成28）年の国民生活基礎調査によると，要介護者のいる世帯の構成割合で，高齢者世帯は54.5％である。また，要介護者と同居する介護者は，配偶者25.2％，子21.8％，子の配偶者9.7％，父母0.6％，その他の親族1.3％である。主な介護者の性別は女性が多く，男女とも60〜69歳が最も多い（図Ⅱ-3-8）。

　介護者の介護負担を家族だけの問題とするのではなく，社会全体で支える，介護の社会化の仕組みをつくり出すために，2000（平成12）年から介護保険制度が実施されてきた。今後，高齢者が増加すると介護や医療ニーズが高まることが予想される。高齢者が住み慣れた地域で，自分らしく暮らしていけるように，住まい・医療・介護・予防・生活支援を一体化した地域包括ケアの仕組みの整備が急務となっている。

　しかし，高齢者を要介護者としてラベリングし，否定的な側面が強調されてしまうと，エイジング（年齢による差別）の問題は解決されない。老年期の発達課題は，時間の喪失による「絶望」を危機としつつ，自らの人生を意味づけ「統合」しながら，次の世代に「知恵」を伝えていくことである（エリクソン他，2015，162〜165頁）。要介護者としてだけでなく，肯定的な面からも高齢者像を捉えていくことが必要であろう。

第3章 「家族・家庭生活」の学習

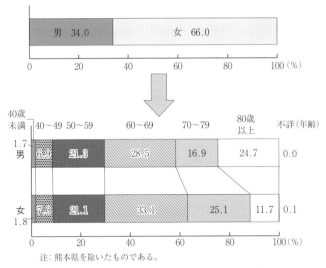

注: 熊本県を除いたものである。
図Ⅱ-3-8 同居の主な介護者の性・年齢階級別構成割合
出典: 厚生労働省「平成28年国民生活基礎調査の概況」。

○ 障がい者との関わり

　障がいとは何かについて，WHO では国際障害分類（ICIDH）を表して，機能・形態障害とそれによる機能面の能力障害，さらに社会的結果として社会的不利の3つのレベルを示した。障がいによるハンディキャップとは，社会の価値観や仕組み，物理的な構造によって生じる不利である。さらに，生活機能の障害（社会的不利）に対する環境因子の観点を加え，2001（平成13）年に国際生活機能分類（ICF）が発表された。現在の障がいに対する人々のイメージは，障がいを否定的な先入観で見る人，個性として捉えようとする人など変化してきている。障がい者が人生を生き生きと生きていけるように，社会全体で努力して，社会の仕組みを整えていくことが求められている。

　2005（平成17）年には障害者自立支援法が制定され，2013（平成25）年に障害者総合支援法として施行された。地域社会において障がいの有無にかかわらず，誰もが人格と個性を尊重し支え合う共生社会の実現を目指している。私たちは，誰もが個人の権利や自己実現が保障され，身体的・精神的・社会的に良好な状

態にあるウエルビーイングを追求している。障がい者が社会のあらゆる活動に参加する機会を確保され、地域社会の共生と社会的障壁の除去が、今日の重要課題のひとつとなっている。

③ 家族・家庭生活における課題と実践

(1) 持続可能な社会の形成に向けて

　世界の各地で政情不安や経済不況、環境問題など、複雑な問題が生じている。こうした問題に対して、現在の資源や自然環境は有限なので、未来に向けて持続可能な社会をつくることが現代を生きる私たちの課題である。私たちは、現在の世代の欲求とともに将来の欲求も満たせるような持続可能な開発に向けて、地球上の環境、貧困、人権、平和、開発の問題を考えていかなければならない。そのため持続可能な社会をつくりだす担い手を育てる ESD「持続可能な開発のための教育」がある。

　ESD が目指すものを日本ユネスコ国内委員会は、「環境、経済、社会の面において持続可能な将来が実現できるような価値観と行動の変革をもたらすこと」として、ESD の学び方や教え方を示した。そして「環境教育、国際理解教育等の持続可能な発展に関わる諸問題に対応する個別の分野にとどまらず、環境、経済、社会、文化の各側面から学際的かつ総合的に取り組むことが重要」とした。

　こうした ESD の視点を取り入れた家庭科の学習は、環境教育にとどまらず、多様な面から持続可能な社会の構築に向けたアプローチが求められる。ESD の学び方・教え方は、家庭科における実践的・体験的な活動を通した学びや問題解決的な学習、生活に主体的に関わることを重視する点などと関連する。

　ESD で未来に育みたい能力や態度は、他教科や総合的な学習と連携し育てることが求められる。さらに学校教育だけでなく、生涯を通して学んでいく必要がある。持続可能な社会の実現に向けて行動することは、個人のためだけでなく、すべての人たちのためであることを自覚すること、そして、グローバル

な視点で社会，自然環境，地域，家族，国，世界の人たちとつながり，一人ひとりができることを考えて，課題解決につながる価値観をもち行動することが大切である。

（2）主体的な学びと家族・家庭生活の課題と実践の進め方

　私たちは日常生活で何らかの生活問題と向き合い，それを解決しながら生活している。家庭科では身近な生活の中で起こる事象を取り上げて，他者とともに考えることで自己を見つめ直し，これからの生き方に関わる価値観を形成する。家庭生活の問題を解決するために，具体的な行動を通して生活問題を解決する実践力や思考力を育てる必要がある。生活の問題に対して試行錯誤しながら自分で判断し問題を解決していける，批判的思考力を育てたい。また児童が主体的に問題解決を行えるように，様々な学習方法を用いて家庭でも実践できるようにしたい。そのために，課題を協働で解決する協働的な学びから個人で考える主体的な学びへの転移を促し，学習者自身が生活問題を発見できるようにしたい。このような問題解決学習を進める要素として，批判的思考や意思決定，問題解決があげられる（グリフィン他，2014）。

　家族・家庭生活の課題と実践の学習の進め方として，次の手順が考えられる。

　① 問題の把握
　　日常の家庭・学校地域生活で見たこと，聞いた話などから，生活を改善し工夫できる点を見つけ，問題を把握する。
　② 問題の整理
　　問題は文章化し，どんな問題が生じているのかを書き出して，問題点をKJ法等で整理する。
　③ 計画の立案
　　問題解決の目的を設定し，どんな解決方法があるか，解決の手順，所要時間や実行する時期，予測される結果や効果について複数の計画案をあげて比較し，最適な計画を決める。
　④ 実践
　　計画に沿って実践する。

> ⑤ 振り返る
> 実践をまとめ，発表する。どのように考えて問題を解決したのかを振り返る。他者の意見を聞いて実践を見直す。
> ⑥ 改善，次の課題へ
> 実践の改善点を考え，再度課題に取り組むか，新たな課題に取り組む。

　生活の問題を解決し実践に結びつけるねらいをもつ学習では，問題解決目標を設定する。効果的な学習方法の例として学習者は，グループディスカッションやブレインストーミングなど話し合いをして，グループでつながりながら協働的な学習をする。話し合いには葛藤や対立が生じる場合もあり，自分と相手を共に大切にしながら，自分の主張ができるコミュニケーション・スキルを学ぶ。また話し合いを成り立たせるためには，相手の話を聞くスキルが必要であり，話し合いを通して身につける。

　話し合いで出された意見はKJ法†等でまとめて，問題を分析し問題点を明確化して，可能な解決方法を考える。ひとつの学習方法として問題のテーマについて役割演技をして，学習者全員で振り返り，分かち合いから学びを深めることもできる。そのプロセスで学習者どうしが相互に影響し合い，協働的な学びから主体的な学びへと転移させる有効な手立てになるだろう。

　学習者は家庭科で学習したことを適用し，他教科の学習と関連づけて問題解決を考える。また学習者は実験により科学的事実を理解し，実習により獲得した生活技能を活用して，行動に結びつく実践力を強化する。評価については問題解決に注目するだけでなく，学習者がどのように考えて問題を解決したのかというプロセスが重要である。そのために，教師は意図的に問題解決後の振り返りを働きかける必要があるだろう。

注
　† KJ法では，あるテーマに関する多様な意見やアイディアを，似た内容や共通する意味をもつもので整理統合し問題の本質を見つける。手順は，① グループでフリートーキング。② 1つの付箋に1つの意見やアイディアを書く。③ すべての付箋を全員で確認する。似た内容，関係性のあるものをグループにまとめてタイトル

第3章 「家族・家庭生活」の学習

をつける。④ グループを線で囲み，関係を矢印で示す。⑤ タイトルから全体を説明するストーリーを文章化する。

引用・参考文献

E. H. エリクソン・J. M. エリクソン著，村瀬孝雄・近藤邦夫訳（2015）『ライフサイクル，その完結』（増補版），みすず書房，162～165頁。
M. P. グリフィン，B. マクゴー，E. ケア編著，三宅ほなみ監訳（2014）『21世紀型スキル――学びと評価の新たなかたち』北大路書房，48～55頁。
社会福祉法人 真盛園 地域交流センター「老いも若きも」（写真協力）。
社会福祉法人 滋賀県母子福祉のぞみ会（写真協力）。
東京大学社会科学研究所・ベネッセ教育総合研究所共同研究「子どもの生活と学びに関する親子調査2016」17頁。
東京都社会福祉協議会（2015）「障害者総合支援法とは；改訂第2版」。
独立行政法人青少年教育振興機構（2015）『子供の生活力に関する実態調査報告書』88～104頁。
内閣府（2007）『平成19年版国民生活白書』時事画報社。
内閣府（2008）『青少年白書平成20年版 青少年の現状と施策』佐伯印刷。
内閣府男女共同参画局編（2004）『逐条解説 男女共同参画社会基本法』ぎょうせい。
西 香織（2017）「家庭科の問題解決的な学習における協働的な学びの検証――生活課題の改善にむけた『家族会議』の活性化を通して」『琉球大学大学院教育学研究科高度教職実践専攻年次報告書』(1)，21～24頁。
リベルタス・コンサルティング（2015）『平成26年度家庭教育の総合的推進に関する調査研究』，3～33頁。
Olson, D. H. (2000) Circumplex Model of Marital and Family Systems. Journal of Family Therapy, 22, p 144-167.

――以下はウェブサイトより――

NHK 放送文化研究所「2015年国民生活時間調査報告書」45頁。
厚生労働省「平成28年度全国ひとり親世帯等調査結果報告」。
厚生労働省「平成28年人口動態統計月報年計の概要」7頁。
厚生労働省「平成28年度国民生活基礎調査の概況」。
国立社会保障人口問題研究所「日本の将来推計人口（平成29年推計）詳細結果表」。
総務省「平成28年社会生活基本調査の結果の概要等」。
独立行政法人労働政策研究・研修機構「子どものいる世帯の生活状況および保護者の就業に関する調査2016（第4回子育て世帯全国調査）」。
内閣府男女共同参画局「仕事と生活の調和推進室 仕事と生活の調和（ワーク・ライフ・バランス）」。
日本ユネスコ国内委員会「ESD（持続可能な開発のための教育）推進の手引」（改訂版）。

文部科学省「ICF について」.
文部科学省（2017）『小学校学習指導要領 解説 家庭編』20～31頁.
文部科学省「今日よりアースへの学び ESD 持続可能な開発のための教育」.
文部科学省『幼稚園，小学校，中学校，高等学校及び特別支援学校等の学習指導要領等の改善及び必要な方策等について（答申）』別添資料（2/3）64頁.
World Economic Forum (2015) The Global Gender Gap Report 2015「日本のジェンダー・ギャップ指数」.

学習の課題

(1) 子どもと家族を支える地域の社会資源（行政や民間の機関など）はどのようなものがあるかグループで話し合おう．まず中央に親と子ども（小学生）を書き，そのまわりに資源を書き足し，家族との関わりを線でつなぐ．
(2) 家族の生活時間のずれから生じる問題をグループで話し合おう．問題解決に役立つ生活資源を調べ，解決策を2つ以上あげて比較検討しよう．グループが選んだ解決策と選んだ理由を考えてみよう．

【さらに学びたい人のための図書】

伊志嶺美津子編，向田久美子訳（2002）『FATHERS /父親』ドメス出版．
　⇨完ぺきな親はいないと提言するカナダの親支援プログラム「Nobody's Perfect」の親用プログラムの父親編である．親であることやパートナーとの関係，法的問題などを紹介している．
平岩賢二（2007）『青年期の親子間コミュニケーション』ナカニシヤ出版．
　⇨青年期の親子がコミュニケーションを通して互いに影響を与え合い，どのように変化していくのかを検証している．

（三沢徳枝）

第4章 生活を営むとは
——食生活から考える

この章で学ぶこと

　学習指導要領では，実践的・体験的な活動を通して，生活をよりよくしようと工夫する資質・能力を育成することが示されている。家庭生活のなかで児童に最も身近な食領域について，背景にある多様な生活を想像しながら，どのような授業をつくればよいかを考えたい。また，将来，家庭科を教える学生にもっていてほしい視点も確認したい。

1　食生活を営むとは

（1）健康で豊かな食生活を送るために

　食べることは生きていくうえで，体の成長，再生産，体の機能維持のために必要不可欠な営みである。生物的な意味での必要を満たすだけでなく，食物や料理を味わうことは楽しみであり，ともに食べることはコミュニケーションを深めることにもつながる。調理の技能を習得し自身の食生活を管理できる力は重要であり，何をどのように食べたらよいのかなど，健康につながる栄養学的な知識も不可欠である。食べることは農業・漁業・加工食品業・外食産業などたくさんの産業，人，世界とつながっている。外食・中食（なか）が多くなっているいま，原材料表示（添加物を含む）や産地の見方を知ることも必要だ。消費者・生活者として他人と共同して社会に発言していく主権者となる側面もあるだろう。和食が世界文化遺産に登録されたように「食」は文化でもある。

　このように考えると，義務教育で家庭科を学ぶ意義がみえてこないだろうか。

　小学校では，食事の大切さや健康に配慮した食習慣について考え，おいしく食べるための調理計画や調理の工夫ができるように学習し，栄養を考えた1食

分の献立を作成する。また食事の役割や食習慣，調理，栄養，献立，衛生，食文化の基礎を習得して，中学校の学習につなぐ系統性が図られている。

（2）震災から学ぶこと

2011年3月11日に起きた東日本大震災とそれに伴う大津波は，日常の生活を，たくさんの命をそして家族を一瞬にして奪い去った。さらに，人災ともいえる福島第一原発の大事故で，故郷からの立ち退きを迫られた人々の生活の保障，廃炉への工程など復興への道のりはまだ続いている。さらに2016年には熊本地震に見舞われるなど，巨大地震の活動期に入っている日本列島に暮らす以上，いつどこで同様のことが起きてもおかしくはない現実がある。

東日本大震災被災のなかで家庭科の学びはどう捉えられていたのかみていこう。3.11当時，避難所となった高校の校長として生徒や避難住民とともに避難所を運営した小野寺（2012）は「食ばかりでなく，着ること，住まうこと，老若男女がともに生きることなど，こういった状況下では，いかに生活者として自立しているかが大きく影響し，日常からできていることが重要であることがはっきりしました」「何もかもない状態でも自分らしく生きていく，さらに，想定外のことが起きたとしてもそのなかを生き抜かなければならず，改めて家庭科教育の重要性を強く感じました。そして，家庭科の教員をしていたからこそ『いのち』と『くらし』を守る視点で様々なことに対処できたと思っています」と述べている。

仙台市小学校家庭科研究部会は，2013（平成25）年に夏季研修会「災害時対応食〜乾物を使った調理で身体の調子を整えよう〜」を行った。災害レベルは，① 水道・ガス・電気復旧せず，② 卓上ガスコンロ使用可，③ 電気復旧を想定。参加者からは，「被災時は，温かいスープがうれしかった」「乾物等は日頃から使い慣れているとよい」「家庭でも避難訓練をし，外で火をおこしたりしてみる」「反射式石油ストーブやカセットコンロを常備しておく」などの声が寄せられた。「米の炊き方（鍋で）などを学校の授業でやっておいてよかったと思いました」という声も多い（望月他，2014）。

2　子どもの食生活の現状と課題

　食生活は生活の核となるものである。子どもの食生活の現状を知る手がかりとして，厚生労働省の「国民健康・栄養調査」が行われている。これらの調査結果も参考にして，子どもの食生活の現状と課題について，食事のとり方や生活習慣の点から考えてみよう。

　私たちは日々食事をとっているが，食事の役割とは何だろうか。1つは，健康を維持増進するために必要な栄養素を得る。2つ目は食事により1日の生活の流れとリズムをつくる。3つ目は一緒に食べる人とコミュニケーションをとり，関わりを深める機会をつくる。4つ目は，食事を楽しみ味わい，五感を通して刺激，環境，産地，人とのつながりなどの情報を受け取り，共有して食文化を伝承していくことである。

　まず，食事の仕方について子どもの生活を考えてみよう。

　最近，食べた物は何だろうか。食べた場所，時，一緒に食べた人やそれを作ってくれた人などを思い出してみよう。私たちは，その食べ物に対する自身の記憶やイメージなどによっておいしい，おいしくないを決めているので，食経験を通して何がおいしくて，何がおいしくないのかを学習しているといえる。

　誰とどこで，どのように食べるのかという点で，1980年代からひとりで食べる子どもの「孤食」の問題がある。食べる環境として，ひとりは寂しいというネガティブな感情が食べ物と結びついて，おいしくなかったと記憶される。逆に楽しく会話し和やかな気持ちで食事を楽しめれば，おいしかったと記憶され，精神的な満足感を得ることができる。このように共食とは，家族や友人等と一緒に食べて，コミュニケーションの機会を得ることである。また大人との共食から子どもは箸の持ち方，食べる姿勢や速さ，食器の扱い方，食事にふさわしい会話などの食事の仕方をマナーとして学ぶ。第3次食育推進基本計画（2016〜20年度）の目標は，朝食または夕食の家族との共食回数を増やすことや地域等で共食の機会を増やすことである。

また，子どもだけで食べる「子食」，同じ食卓を囲んでもそれぞれ別の食べ物を食べたり，同じ食べ物を食べる場合でも親子で時間がずれて食べる「個食」，固定した献立を食べる「固食」も問題となっている。これらの問題点を生活リズムや生活習慣の形成，栄養，人とのコミュニケーションの機会，食文化や食のマナーの面からどのように改善できるかを考える必要があるだろう。

　今日では，「朝食の欠食」という問題がある。欠食とは，食事をしない場合，錠剤や栄養ドリンクなどによる栄養素の補給，菓子，果物，乳製品，嗜好飲料のみを食べた場合を含める。平成28年度の「全国学力・学習状況調査」によると朝食の欠食率（少量食を含む）は，4.5％である（図Ⅱ-4-1）。

　朝食を欠食した場合，血糖値が低下して，脳のエネルギー源はブドウ糖のみであるためにエネルギー不足から脳の働きが低下し，集中力や注意力が低下する。内容に目を向けると，主食のみでおかずなしの栄養バランスの良くない例が多い。川島（2015）は，体の中で生体物質がつくられるのにブドウ糖だけでは足りず，ビタミンもミネラルも脂質もアミノ酸も微量元素も必要になるため，おかずを食べなければ脳が発達しないと述べている。朝食は1日の活動を支えるための大切な食事である。文部科学省では，「よく体を動かし，よく食べ，よく眠る」という成長期の子どもの基本的生活習慣の乱れが，学習意欲や体力・気力低下の要因のひとつであるとして，家庭，地域，社会全体で取り組む「早寝早起き朝ごはん運動」を実施している。「早寝早起き朝ごはん」のアンケート（2009）によると，小学生の朝食の内容は，主食のみ男子30.4％，女子29.3％である。

　また，朝食のとり方を見直すことは，望ましい生活習慣を身につけるための改善につながる。文部科学省・厚生労働省・農林水産省が策定し，2016年6月に一部改正した「食生活指針」が提案されているが，食生活の望ましいあり方を示すものとして，食生活を振り返り，改善するための目安となるだろう。

　ほかにも，食生活の現状として考えたい課題がある。教室には障害をもった子ども，特別支援の必要な子ども，帰国子女，外国籍の子どもなど多様なニーズをもった子どもたちがいる。学習指導要領「第3　指導計画の作成と内容の

第4章 生活を営むとは——食生活から考える

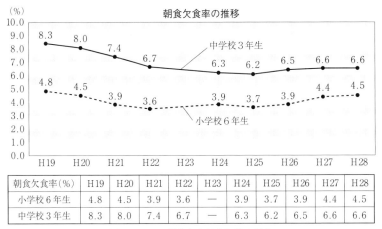

図Ⅱ-4-1 朝食欠食児童生徒の割合
出典:文部科学省(2017)「全国学力・学習状況調査」。

取扱い」には,「(5) 題材の構成に当たっては,児童や学校,地域の実態を的確に捉えるとともに,内容相互の関連を図り,指導の効果を高めるようにすること」「(6) 障害のある児童などについては,学習活動を行う場合に生じる困難さに応じた指導内容や指導方法の工夫を計画的,組織的に行うこと」が示されている。たとえば調理実習では行動の順序を掲示する,作業内容をわかりやすいイラストにするなどの工夫はすべての子どもに役立つ。また,総則には「海外から帰国した児童などについては,学校生活への適応を図るとともに,外国における生活経験を生かすなどの適切な指導を行うものとする」(第4 2 (2)ア)と記されているので,配慮して指導に当たるようにする。

また,近年では食物アレルギーの子どもが増えており,適切な対応と疾患について正しく理解する必要がある。平成27年に文部科学省は学校給食における食物アレルギー対応指針を示し,学校給食に関連する職種(養護教諭,学級担任,栄養教諭・学校栄養職員,調理員など)から食物アレルギー対応委員会を構成し,食物アレルギーを有する児童生徒の個別指導等を実施するとした。これによると,教室内の食材・食物に関わる活動については,個別の取り組みプランに基づき,監督者が確認すること,学級指導では,食物アレルギーを有する児童生

徒の給食の喫食に関わるルールを，ほかの児童生徒へ説明し理解を促すこととしている。ここでは職員全体で情報を共有することが重要である。

3　食生活と学習指導要領

　食生活の学習を進めるにあたっては，「生活の営みに係る見方・考え方」の「健康・安全」「生活文化の継承・創造」がキーワードとなる。また，食育の一層の推進に資するよう学校での学習を家庭や地域での実践につなげられる工夫をする必要がある。「食生活」の内容は，「(1) 食事の役割」「(2) 調理の基礎」「(3) 栄養を考えた食事」の3項目で構成されている。指導にあたっては「A　家族・家庭生活」「C　消費生活・環境」の内容と関連を図るよう配慮する。内容については『学習指導要領　解説　家庭編』を熟読しておきたい。

(1) 食事の役割

> ア　食事の役割が分かり日常の食事の大切さと食事の仕方について理解すること。
> イ　楽しく食べるために日常の食事の仕方を考え，工夫すること。

　食事の仕方については，箸の持ち方や食器の扱い方，食べるときの姿勢などに気をつけることや，人とともに食べるときには，食べる速さに配慮し，食事にふさわしい会話を考える必要があることについて理解できるようにする。楽しい気分で食事をすると体内の副交感神経が働き，体がリラックスした状態になる。唾液もたくさん出て，胃や腸の働きも活発になり，食べ物をよく消化できる状態になる。また，食事はコミュニケーションの場でもあり，人と楽しく食事をすることは，人間関係をよくするうえでも大切なことである。なぜ食事の仕方（マナーなど）や配膳の仕方が大切なのか，グループで話し合うなど，主体的・対話的に学べるようにする。

（2）調理の基礎

> ア　次のような知識及び技能を身に付けること。
> （ア）調理に必要な材料の分量や手順が分かり，調理計画について理解すること。
> （イ）調理に必要な用具や食器の安全で衛生的な取扱い及び加熱用調理器具の安全な取扱いについて理解し，適切に使用できること。
> （ウ）材料に応じた洗い方，調理に適した切り方，味の付け方，盛り付け，配膳及び後片付けを理解し，適切にできること。
> （エ）材料に適したゆで方，いため方を理解し，適切にできること。
> （オ）伝統的な日常食である米飯及びみそ汁の調理の仕方を理解し適切にできること。
> イ　おいしく食べるために調理計画を考え，調理の仕方を工夫すること。

（イ）の加熱用調理器具には，ガスこんろだけでなく，子どもたちの生活や各学校の施設設備に即し，IHクッキングヒーターの使用も想定している。IHクッキングヒーターでは，使える鍋などの形状や材質が機種によって異なるので適切な鍋などを準備する。

（ウ）の後片付けについては，環境への配慮について理解し，適切にできるようにする。ごみや残菜，油などを排水口に流さないようにしたり，適切に分別したりできるようにする。また，水や洗剤を必要以上に使用しないように，汚れを余り布や古紙などで拭き取ってから洗うようにする。

（オ）では，グローバル化に対応し，日本の生活文化の大切さに気づくようにするため，「伝統的な日常食である米飯及びみそ汁」と，伝統的な日常食を強調している。和食の基本となるだしについては，煮干しや昆布，かつお節など様々な素材からだしをとり，それによってみそ汁の風味が増すことを理解できるようにする。

〈内容の取り扱い〉

> イ　（2）のアの（エ）については，ゆでる材料として青菜やじゃがいもなどを扱うこと。（オ）については，和食の基本となるだしの役割についても触れること。

ゆでる食材として青菜（沸騰してからゆでるもの）やじゃがいも（水からゆで

もの）が指定された。
〈指導計画の作成〉

> (4) 第2の内容の「B 衣食住の生活」の(2)及び(5)については，学習の効果を高めるため，2学年間にわたって取り扱い，平易なものから段階的に学習できるように計画すること。

　第5学年では，初めて調理をする子どももいるので，無理なく調理できるものを扱い，一人ひとりが自信をもって意欲的に楽しく学習できるよう配慮する。
〈実習の指導〉

> (3) 調理に用いる食品については，生の魚や肉は扱わないなど，安全・衛生に留意すること。また，食物アレルギーについても配慮すること。

　ここでは，増加の一途をたどる食物アレルギーへの配慮について触れている。児童の食物アレルギーに関する正確な情報の把握に努め，食物の管理や，発症した場合の緊急時対応について保護者や関係機関等との情報共有を確実に行い，事故の防止に努める。具体的には，調理実習で扱う食材にアレルギーの原因となる物質を含む食品が含まれていないかを確認する。食品によっては直接口に入れなくても，手に触れたり，調理したときの蒸気を吸ったりすることで発症する場合もあるので十分配慮する。食物アレルギーへの対応は，アナフィラキシーショックなど命に関わる症状もあるので，学校全体で取り組む必要がある。その際，アレルギー反応は花粉症のように誰にでも起こり得る過剰な免疫反応であること，体に合わない食物を体内に入れない（食べない）ことが重要であることを周囲の子どもも理解できるようにすることが大切である。

（3）栄養を考えた食事

> ア　次のような知識を身に付けること。
> 　（ア）体に必要な栄養素の種類と主な働きについて理解すること。
> 　（イ）食品の栄養的な特徴が分かり，料理や食品を組み合わせてとる必要がある

第4章　生活を営むとは──食生活から考える

> 　　　ことを理解すること。
> 　　（ウ）献立を構成する要素が分かり1食分の献立作成の方法について理解すること。
> 　イ　1食分の献立について栄養のバランスを考え，工夫すること。

　健康格差が取り上げられる現在，小学校から「栄養を考えた食事」について学ぶ意義は大きい。子どもには定着しづらい内容であるため，調理実習時や学校給食の献立との関連を図り，日常生活に即して具体的に繰り返し学習していく必要がある。（ウ）では，献立を構成する要素として主食，主菜，副菜があることがわかり，1食分の献立作成の方法について理解できるようにする。また，主食には「主にエネルギーのもとになる」食品，主菜には「主に体をつくるもとになる」食品，副菜には「主に体の調子を整えるもとになる」食品が多く含まれているので，主食，主菜，副菜を組み合わせることで，3つのグループの食品が揃った1食分の献立となることを理解できるようにする。

〈内容の取扱い〉

> 　ウ　(3)のアの(ア)については，五大栄養素と食品の体内での主な働きを中心に扱うこと。（ウ）については，献立を構成する要素として主食，主菜，副菜について扱うこと。

4　食生活の学習に関する教材研究

（1）子どもの生活実態・知りたいことから出発する食の授業

　子どもの周りにはあり余る食品や料理が存在し，テレビやインターネット，雑誌などに食品のコマーシャルやグルメ情報があふれている。豊食・飽食・崩食とも表現される現代においては，何をどう食べるのかを考えさせ，生活の営みに係る見方・考え方の「健康・安全」「生活文化の継承・創造」の視点から，食生活の授業を進めることが大切となる。

　家庭科では，自分たちの生活を見つめることから出発して，生活に影響を与

第Ⅱ部　家庭科教育の授業づくり

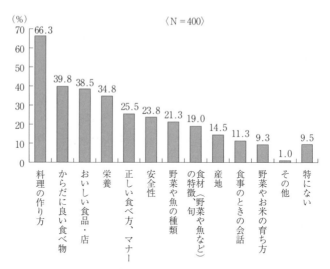

図Ⅱ-4-2　小・中学生が料理や食べ物・食べ方について知りたいこと・関心があること
出典：農林中央金庫（2016）「第3回子どもの食生活の意識と実態調査」。

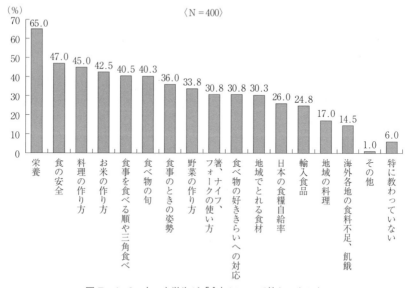

図Ⅱ-4-3　小・中学生が「食」について教わったこと
出典：農林中央金庫（2016）「第3回子どもの食生活の意識と実態調査」。

第4章 生活を営むとは──食生活から考える

表Ⅱ-4-1 子どもが好きな野菜・嫌いな野菜（上位10位）

〈好きな野菜〉

1位	トマト	47.9%	➡
2位	じゃがいも	42.6%	➡
3位	さつまいも	41.6%	⬆
4位	とうもろこし	39.7%	➡
5位	メロン	39.0%	⬇
6位	スイカ	38.0%	⬇
7位	きゅうり	36.7%	➡
8位	かぼちゃ	34.8%	⬆
9位	枝豆	34.4%	⬇
10位	たまねぎ	29.2%	⬆

〈嫌いな野菜〉

1位	ゴーヤ	35.1%	➡
2位	セロリ	30.2%	⬆
3位	春菊	27.2%	⬆
4位	とうがらし	23.0%	⬆
5位	ピーマン	19.7%	⬇
6位	モロヘイヤ	18.7%	⬆
7位	トマト	17.7%	➡
8位	ししとう	16.7%	⬇
9位	なす	16.1%	⬇
10位	カリフラワー	15.4%	⬆
	嫌いな野菜は特にない	25.6%	

出典：タキイ種苗株式会社「2017年度 野菜と家庭菜園に関する調査」。

えている事柄に関心をひろげ，問題をみつけて解決の方向を探していく。

　子どもは食生活についてどのようなことを学びたいと考えているのであろうか。図Ⅱ-4-2は，食べ物・食べ方についての疑問や関心について示したものである。「料理の作り方」に続いて「からだによい食べ物」があげられており，健康や栄養にも関心を寄せていることがわかる。図Ⅱ-4-3は，「食」について家族に教わった事柄を表している。「食事のときの姿勢」や「箸の使い方」については3割ほどであり，「食べ方」を家族に教わる機会が少ない現状が読み取れる。授業づくりにおいては，このような子どもの思いや実態に沿って，どうすれば子どもが納得し，自信をもって取り組めるかを考え，授業計画や到達目標を設定するようにする。また，情報器機や図書を活用して調べたり，発表し合ったり，討論したりするなかで，主体的・対話的に学びを深めていけるようにする。

【子どもが知りたいこと（予想）から組み立てた授業の実践事例】

　表Ⅱ-4-1は，子どもが好きな野菜と嫌いな野菜の上位10位を調査したものである（タキイ種苗，2017）。それによると，好きな野菜の1位は「トマト」。甘みを感じられる野菜が上位となっている。嫌いな野菜では苦味や辛味，香りの強い野菜が上位。「嫌いな野菜は特にない」との回答は4分の1を超え「野菜

好き」な面もみられる。

　浅倉（2008）は，子どもが関心をもって主体的に学習できるよう，仮説（予想）を立て，それを証明できるように学習していこうと子どもに投げかけた。「なぜ大人は『野菜を食べるように』しつこく言うのだろうか」。子どもは，「野菜はおいしいから」「食べないと体の健康が保てないから」「体の調整を整えるビタミンが含まれているから」「栄養があるから」などの答えを予想した。

　そこで，実物の野菜を観察したり，1週間後の重さを計測したりなど実習・実験，資料を読み取る活動を組み合わせて，野菜には水分が豊富に含まれていることや，時間とともにそれが減り鮮度が落ちていくことなどを理解させている。子どもの知りたいことを中心に授業を組み立てていく例として参考になる。

　なお野菜のビタミンC含有量については以下のようなインドフェノールのビタミン還元作用を利用した実験で確かめることができる。

〈野菜や果物に含まれるビタミンCの検出実験〉

○用意する物
- 試料：調べたい野菜や果物
- ビタミン検出薬：2-6-ジクロロフェノールインドフェノールナトリウム 2 mg を蒸留水100 mL で溶かした溶液（0.2%溶液）
  ※ インドフェノール液の青色は，ビタミンCに反応すると無色透明になる。
- 試験管3本，試験皿，スポイト，ガーゼ（野菜絞り用），おろし金，鍋

○方　法
① ビタミン検出薬（青色）を各試験管に 2 mL ずつとる。
② 試料を準備する。
　（野菜や果物をすりつぶすか，すり下ろしてふきんで絞り汁をとる。市販のジュースなどの液体は，そのまま使用する）
③ 試料の液を3等分する。
　（A：手を加えない，B：鍋で煮立てておく，C：試験皿に移して空気によ

く触れるようにし，30分ぐらい置く）
④ Aの試料の液をスポイトにとり，ビタミン検出薬の入った試験管に1滴ずつ加えて混ぜる。インドフェノールの青色が消えた（透明になった）ところで止め，加えた滴数を数える。
⑤ Bの試料の液をビタミン検出薬に④と同様に加えて調べる。
（加熱後の変化を知る）
⑥ Cの30分放置した試料の液で，さらに実験する。
（時間経過による変化の観察）

出典：下村他（2000）『家庭科 実験・実習カードブック』開隆堂をもとに筆者作成。

このほか，ヨウ素入りうがい薬を使う実験やテスター紙を使う方法もある。少ない滴数で青色が消えるほど，ビタミンCの含有量が多いといえる。

（2）学習の刺激を探す

生活に関わる知識・技能，文化は，家庭の中でよほど意識的に取り組まない限り，伝承が難しくなっているのが現状である。自分の生活の主人公として自立した子どもを育てるために，生活に関心をもてるような仕掛けをつくる試みも考えたい。

【体験の仕掛けをつくる授業の実践事例】

久保（2017）は，現代の子どもが，どれだけ日常的に「素材」と向き合っているのだろうと感じ，「素材そのものを五感で感じる」という活動を家庭科の授業のはじめ15分間に取り入れ，体験の仕掛けとして，以下のような「飲み比べ」を行った。

〈お茶の飲み比べ〉

① 茶葉からいれた緑茶
② 煮だした麦茶
③ 茶葉からいれたウーロン茶
④ 茶葉からいれた紅茶
⑤ インスタント粉末茶
⑥ ペットボトルの緑茶

①⑤⑥で迷うが,色や濁り具合,香りで判断し,ほぼ全員が正解した。

〈だし汁の飲み比べ〉

① かつおだし
② こんぶだし
③ しいたけだし
④ 煮干しだし
⑤ あごだし

③のしいだけだしでは「予想外の味」のリアクション。しかし,クイズが終わって「混ぜて飲んでごらん」というと,「あっ,おいしい」と驚く。子どもにとってこのようなことが経験として腑に落ちる瞬間なのではないかと思う。

〈みそ汁の飲み比べ〉

① だし入り
　（こんぶ,かつお,しいたけ）
② だし無し
③ 化学調味料入り

②は「普段の味と違う」。子どもたちは自分の経験した味と向き合って,味を比較している。経験を何度も引っ張り出して考えていることがわかる。③との比較で,天然の物には味だけではなく香りもついているということを体験。

〈みその食べ比べ〉

① 信州みそ
② 赤みそ（八丁みそ）
③ 麦みそ
④ 白みそ

地元愛なのか,味になじみがあるからなのか,「やっぱり信州のみそが一番おいしい」という児童が多かったのが印象的であった。

〈酢の飲み比べ〉

① 米酢
② バルサミコ酢
③ 熟成香酢

酢そのものを味わう経験はあまりない。それぞれの原料を教えると,ここでも「香り」の違いが児童から出てきた。

久保は，子どもたちは，食べ比べ，飲み比べという「大事な経験」をしたが，「本当に味がよくわかる」ためには，自分自身だけがもっている様々な「経験」どうしが結びつくことが前提であり，だからこそ「先に経験しておく」ことが大切なのだとまとめている。

このような授業実践は，栄養に関する知識を基礎とする栄養教育や食べ物に関する知識に基づく食教育とは異なり，食べ物を通して得られる感覚による認識の発見を基礎とした味覚教育である。日本では2007年から小学校の授業に味覚教育が取り入れられるようになり，子どもの肥満や食行動の問題に対する解決方法を導き出す可能性が期待されている。

子どもの食行動は，栄養面だけでなく，食べ物の色，食感，におい，味など感覚的な側面や仲間と心地よい雰囲気で一緒に食べるという社会的な状況が影響する。教室内や家庭においては，子どもが食べ物を自由に表現できる言語活動と，仲間どうしで言葉を共有できる環境をつくることが重要になる。

どのような意図で授業を行うのかを考え子どもたちが学習の主体者となるように，自分なりの指導案をつくってみてほしい。

5 持続可能な食生活を目指して

（1）地域とのつながり

日本の食料自給率は，国民1人が1日あたりで必要なカロリー量を国内食料のカロリーでどれほど賄えるかというカロリーベースで38％（平成28年度）である（図Ⅱ-4-4）。自給率が低いと食料の確保が気候変動や世界の食料問題に左右されやすく，日本への輸出がストップした場合などは，食生活に大きな影響が出る（図Ⅱ-4-5）。

農林水産省は自給率向上や地産地消の拡大など様々な施策を推進している。農水省パンフレット「知ってる？日本の食料事情～日本の食料自給率・食料自給力と食料安全保障～」（2017）に詳しい。

学校給食では，学校給食法の改正（2009年）により地場産農産物の活用に努

第Ⅱ部　家庭科教育の授業づくり

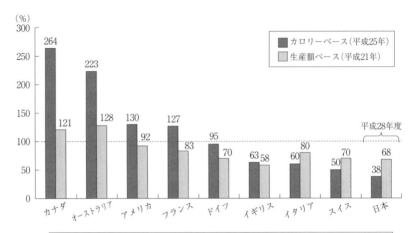

カナダ，オーストラリア，アメリカ，フランス等の輸出が多い国の自給率は100％を超えているなかにあって，日本の食料自給率は，先進国中最低水準である。

資料：農林水産省（2016）「食料需給表」，FAO "FOOD Balance Sheets" 等をもとに農林水産省で試算（アルコール類等は含まない）。

図Ⅱ-4-4　日本と諸外国の食料自給率

図Ⅱ-4-5　身近な食べ物の食料自給率

出典：農林水産省 FOOD ACTION NIPPON「FOOD ACTION KIDS」（数値は平成26年度）。

めることなどが規定され，2016年には地場産農産物が25.8%の割合に，また，国産の食材を利用する割合は75.2%となっている。

【食と農業体験を組合わせた授業の実践事例】
　栗原（2008）は，米(こめ)の学習で総合的な学習の時間と家庭科とを組み合わせ，稲の栽培から食べるまでを体験させようと３つの目標を立てた。
① 稲の栽培を通して，食べられるようになるまでの苦労や稲作の仕事がわかり，収穫の喜びを味わうことができる。
② 日本人の主食の米について，歴史や文化，栄養など優れている点がわかる。
③ 米作り農家の思いや現状がわかり，自分たちが食べている米について考えを深めることができ，農業を身近に考え応援することができる。

そして，以下のように授業を展開した。
- バケツ稲を育てる → 農協からもらった種籾を，発芽させて植える。
- 農家に予備の苗を貰いに行く → 有志の子どもたちが田んぼに田植えをする。
- 成長した苗を植えかえる → ビニールを敷いたミニ田んぼとバケツに植える。
- 夏休み　観察２回。当番を決めて，水やりを１人１〜２回行う。
- スズメ対策は校務員に依頼→スズメよけの木枠作りと網掛けをする。
- 稲刈り→農家の方に稲刈りを教えてもらい，作業後，農業の話を聞く。
- 乾燥した籾の籾すり → すり鉢とソフトボールでゴリゴリとすり合わせ，籾殻をとる。
- 家庭科で１食分のミニ弁当作り → 収穫した米と農家の米を混ぜて炊く。
- 農家へ応援の手紙を書く → 農民新聞に掲載される。農林水産省にも手紙を書く。

　栗原（2008）は「私のねらいは，今の農家の応援隊としての消費者になってもらいたいということ。体験があればこそ，農業という問題を自分に引き付けて考えることができるのではないだろうか」とまとめている。このほかにも，

第Ⅱ部　家庭科教育の授業づくり

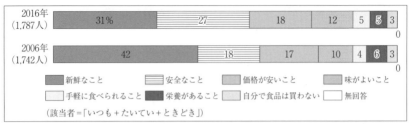

図Ⅱ-4-6　食品を買うとき重視すること

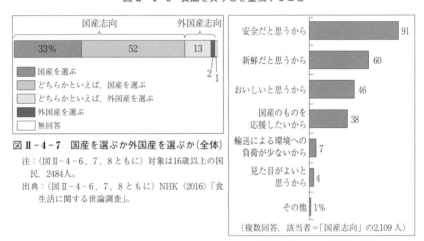

図Ⅱ-4-7　国産を選ぶか外国産を選ぶか（全体）

注：(図Ⅱ-4-6，7，8ともに) 対象は16歳以上の国民，2484人。
出典：(図Ⅱ-4-6，7，8ともに) NHK (2016)「食生活に関する世論調査」。

図Ⅱ-4-8　国産を選ぶ理由

「『子どもがおいしいというトマトを作る』が信念のトマト屋さんをお呼びして，サラダを作る」活動や「学校給食に無添加のウィンナーソーセージを納入しているウィンナーソーセージ屋さんに，話と実演をしてもらう」学習など，「本物」と出会わせる実践をしている。地元の生産者にゲストティーチャーをお願いし，授業を展開したい。

（2）より安心・安全な食を求めて

NHKの世論調査では，食品を買うとき注意していることは，2006年は「新鮮」が最も多く，「安全」と「価格」は2番目に並んでいたが，2016年では「安全」指向の人が増え，「新鮮」と並んで最も重視されるようになっている

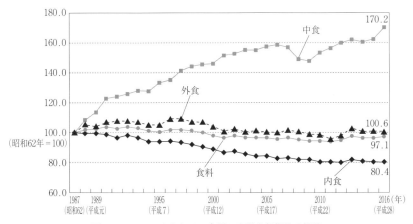

図Ⅱ-4-9　1人あたりの食料の実質金額指数の推移
出典：総務省統計局（2018）「家計調査通信」第527号をもとに筆者改変。

（図Ⅱ-4-6～8）。また「国産」と「外国産」のどちらを選ぶかという設問では「国産志向」が強く，理由は安全だと思うからが最も多い。食のグローバル化に関連して安全面への不安がみえる。

　「食」をめぐる問題はいのちと直結している。「安全」に関わるものは多岐に渡る。輸入食品の残留農薬，遺伝子組み換え食品が食生活に侵入していること，BSE（牛海綿状脳症）や鳥インフルエンザ，農薬や化学肥料に依存した農業のあり方（とくに虫の神経伝達を阻害し神経麻痺を引き起こすネオニコチノイド農薬は植物の内部に浸透し，内側から殺虫効果をもち続け，洗っても落とすことができないと問題となっている），食品添加物（1種類ごとの安全基準は確保されているが，複合した場合の影響は不明である），福島原発事故後は放射性物質汚染の問題も加わった。

　一つひとつ難しい問題であるが，その使用や対応について専門家でも異なる見解の存在するものがある。1つの情報だけでなく異なる見解の情報も知り，そのうえでそれらを批判的にみる力が必要とされる。授業での集団的な検討も有効であろう。また，結論を1つにまとめるのではなく，一人ひとりが自分の見解・価値観を形成していくことが大切である。それが生きる力となり，主権者教育につながっていくであろう。

図Ⅱ-4-9をみると，調理済み食品を家庭で食べる中食の伸びが著しい。背景には長時間労働による多忙化，単身世帯の増加，コンビニエンスストアの商品開発の工夫などがある。一方，子どもが自分で購入する食品の多くは，菓子類，飲料類，パン類などの加工食品である。原材料の原産国表示も始まる。小学生から食品表示の見方（添加物の学習も含む）をしっかり教え，生産者に提言のできる，持続可能な食生活を見据えたかしこい消費者を育てたいものである。「食品の表示は，『消費者基本法』（昭和43年法律第78号）において消費者の権利として位置付けられている消費者の安全の確保や消費者の自主的かつ合理的な選択の機会の確保等を図る上で重要な役割を果たすもの」〔農林水産省（2016）『食育白書』〕である。

引用・参考文献

浅倉エツ子（2008）「野菜探検――どうして野菜を食べなければいけないの？」『家教連家庭科研究』277，24〜29頁。

石井克枝・J. ピュイゼ・坂井信之・田尻 泉（2016）『ピュイゼ 子どものための味覚教育　食育入門編』講談社。

NHK 放送文化研究所（2016）「食生活に関する世論調査」。

奥平康弘・木村草太（2014）『未完の憲法』潮出版社，35頁。

小野寺千穂子（2012）「石巻好文館高校　あの日あの時から――復旧・復興に役立った家庭科」『家教連家庭科研究』306，20〜25頁。

家庭栄養研究会編（2017）「特集ネオニコチノイド系農薬」『食べもの通信』562，。

家庭科放射線授業づくり研究会編（2016）『原発と放射線を考える！　いのちとくらしを守る15の授業レシピ』合同出版。

川島隆太（2015）『ホットケーキで「脳力」が上がる』小学館，30〜33頁。

久保勝哉（2017）「『幸せな人生』へつながる授業とは――15分間の常時活動を『経験重視』の価値ある時間へ」『家教連家庭科研究』339，30〜35頁。

栗原和子（2008）「食と農を結んで…私の試み」『家教連家庭科研究』280，26〜31頁。

厚生労働省（2017）「平成27年国民健康・栄養調査結果の概要」。

齊藤弘子（2018）「子どもたちの現実・生活から出発する家庭科」『家教連家庭科研究』343頁。

品田知美・野田 潤・畠山洋輔（2015）『平成の家族と食』晶文社。

総務省統計局（2018）「家計調査通信」第527号。

農林水産省（2016）「食料需給表」。

農林水産省（2016）「食育白書」。
農林水産省ウェブサイト（2017）「知ってる？ 日本の食料事情」。
農林中央金庫（2016）「第3回子どもの食生活の意識と実態調査」。
長谷川智子・今田純雄（2001）「食物嗜好の発達心理学的研究——第1報：幼児と大学生における食物嗜好の比較と嗜好の変化の時期」『小児保健研究』60（4）472〜478頁。
文部科学省（2017）『小学校学習指導要領 解説 家庭編』。
李 秀眞（2014）「普段から調理体験を」望月一技・日景弥生・長澤由喜子編著『東日本大震災と家庭科』ドメス出版，22〜25頁。
農林水産省 FOOD ACTION KIDS ウェブサイト「食料自給率ってなあに？」（身近な食べ物の食料自給率）。

学習の課題

(1) 自分の住んでいる地域で行われている地産地消について調べてみよう。また，日本の食料自給率を高める方法を考え，討論してみよう。
(2) 災害時を想定した食生活について考え，食料備蓄をしたり，非常時でもできる料理を作ってみたりしよう。

【さらに学びたい人のための図書】

河上睦子（2015）『いま，なぜ食の思想か——豊食・飽食・崩食の時代』社会評論社。
　⇨食べ物や食べることには，時代や地域や集団の中で独自の意味づけがなされている。食思想の歴史から今日の食の問題について考える一冊。
丸元淑生（1986）『図解　豊かさの栄養学』1〜3，新潮文庫。
　⇨栄養素の働きや仕組みが図解で大変わかりやすく書かれている。図書館などでぜひ読んでほしい。

（海野りつ子・三沢徳枝・勝田映子）

第5章　衣生活——快適な衣服と裁縫の学習

この章で学ぶこと

「衣服は第二の皮膚」ともいわれる。人体を取り巻く最も身近な生活環境である。物理的外力や化学物質，生物的危害から人体を保護するための生活必需品だといえる。また，個性を表現したり，弔意や祝意を託したりするなど衣服は社会生活上も欠かせない機能を果たしている。衣生活の学習では，これら衣服の働きや手入れに関する学習に加えて，生活を豊かにする布製品の製作の学習にも取り組む。今日，衣服は製作よりも購入が主となっている。では，裁縫等の学習は何のために行っているのだろうか。

本章では，衣生活について学ぶ意義にも触れながら，衣生活学習の目的と概要，衣服の働きと着用，繊維や布の種類と特徴，衣服の購入と布製品の製作，衣服の手入れや洗濯の方法について学ぶ。

1　衣生活学習とは何か

（1）衣生活学習の目的

衣生活とは，衣類の入手計画→入手→着用→管理（手入れ・洗濯→収納）→再利用および処分の一連の生活上の基本的な営みをいう（図Ⅱ-5-1）。

近年，流行の最先端の衣服を低価格で提供する「ファストファッション」企業の台頭により，衣服は気軽に購入して楽しめるものとなった。反面，製品寿命を待たずに廃棄される衣服も増えている（高田・田原，2010）。日本での1年間の衣類廃棄量は約100万トン（中小企業基盤整備機構調べ，2016）衣服に換算すると約33億着分にも上る。また，大量生産に伴う資源（綿花繊維）消費の急増による環境問題や，2013年4月にバングラデシュのダッカ近郊で1100名の死者，330名の行方不明者を出した「ラナ・プラザビル崩落事故」に象徴される低価

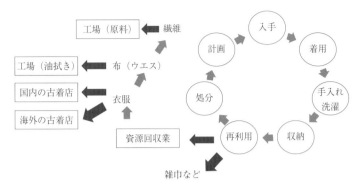

図Ⅱ-5-1　衣生活のサイクル

出典：筆者作成。

格製品を支える劣悪な労働実態が問題となっている。

　以上のことを踏まえると，衣生活の学習とは，私たちが健康で快適な生活を送り，生活を豊かに楽しむための生活財として衣服を捉えるだけのものではなく，「持続可能な社会の構築」の視点からも衣生活を見直し，よりよい衣生活について考え実践する力を育てる学習であるともいえる。

（2）衣生活学習の概要

(1) 学習目標

　小学校家庭科では，「衣服の着用と手入れ」および「生活を豊かにするための布を用いた製作」について学習する（学習指導要領については巻末を参照）。

　ここでは，課題をもって，基礎的な知識・技能を身につけ，それらを生活に活用し工夫する力へと高めることが目標である。「生活の営みに関わる見方・考え方」として「健康，快適，安全」と「生活文化のよさへの気付き」を踏まえながら，「家庭生活への協力」や「持続可能な社会の構築」の視点からも衣生活を見直す目を育てるようにする。

(2) 衣服の着用と手入れ

　小学校で扱う「衣服の主な働き」は，保健衛生上と生活活動上の2つの働きを取り上げる。危険防止のための目立つ色の着装，着帽などにも触れる。

「季節や状況に応じた日常着の快適な着方」では，季節による衣服の布の厚さや色，組成の違いや，繊維や布の性能（吸水性，通気性，伸縮性，保温性等）に気づかせ，衣服にはその用途に応じた繊維が使われていることがわかるようにする。暑さ寒さへの対処では，「B(6) 快適な住まい方」と関連を図る。

「日常着の手入れ」については，その必要性を理解し，手洗いでの洗濯やボタン付けの技能を身につけ，進んで実践する態度を育てる。また，「取り扱い絵表示」の読み取り方や洗濯の手順，環境に配慮した洗濯の仕方などについて学ぶ。電気洗濯機での洗濯は中学校で学習するので，小学校では「脱水に使用したり，手洗いと比較したりする程度に扱う」とされる〔『小学校学習指導要領解説 家庭編』51頁〕。洗濯は，児童にも取り組める家庭の仕事であり，水や洗剤を使って活動することから，「A(2) 家庭生活と仕事」や「C(2) 環境に配慮した生活」と関連を図って学べるようにする。

指導にあたっては，ボタンの付き方などの観察や，汚れの放置時間と汚れの落ち具合の比較など，観察や実験・実習などで実感を伴った理解が図れるようにする。

(3) 生活を豊かにするための布を用いた製作

『学習指導要領 解説』(2017)の53頁では，「学習の効果を高めるため，2年間にわたって取り扱い，平易なものから段階的に学習できるよう計画すること」となっている。製作の実習題材には，「日常生活で使用する袋」などを扱う。これは，「布を用いた製作において大切なゆとりや縫いしろの必要性を理解するため」である。また，「B(6) 快適な住まい方」と関連させて，ランチョンマットやウォールポケット，チェアカバーなど住まいを快適にするものを考えたり，「A(3) 家族や地域の人々とのかかわり」と関連させて，家族や地域の人々へのプレゼントを製作したり，「C(2) 環境に配慮した生活」と関連させて，家庭の不用な衣類を活用したり，環境に配慮した材料や製作の仕方を工夫させるなどの学習を展開するようにする。

手縫いやミシン縫いについては，「(1) 施設・設備の安全管理に配慮し，学習環境を整備するとともに，熱源や用具，機械などの取り扱いに注意して事故

防止の指導を徹底すること」ならびに「(2) 服装を整え，衛生に留意して用具の手入れや保管を適切に行うこと」(「解説」，81頁)を常に心がけて学習を進める。

　指導にあたっては，手縫いとミシン縫いとの違いや，なみ縫い，返し縫いなどの特徴をつかませ，「なぜ，そのように縫うのか」を理解できるようにする。また，製作物の完成見本や段階見本，縫い方を独習できるビデオ教材，試行用の教材などを用意し，児童が自ら課題を解決できるように学習環境を整備する。

(3) 縫製や布を用いた製作の学習の意義

　製作学習には，布地や繊維の種類と特徴，布地の選定や取り扱い方，製作計画の立て方や材料の購入・準備，縫製に関する知識と技能，着心地・使い心地を左右する要因の理解など衣服に関わる多くの内容が内包されている。また，製作学習で得た知識は，消費者として品質のよいものを見極める際にも役立てることができる。とくに袋の製作は，布（平面）でものや人体（立体）を包むという衣服の構成に発展する学習でもある。この学習から和服やインドのサリーなどの平面構成の衣服や，洋服のような立体構成の衣服の組み立てへと関心を向け，生活文化としての衣服の知恵と工夫についての理解へとつなぐこともできる。

　さらに，「生活を豊かにする物」の内容を自分で考えて，計画 → 製作 → 評価 → 改善の過程を辿って試行錯誤しながら学ぶ過程は，児童の主体的な学びを引き出し，「生活における問題解決能力」の醸成にも有効であるといえる。

2　衣服の働きと着用

(1) 保健衛生上の働き

　衣服を自発的に着用するのは人間に特有の行為である。衣服の役割には，保健衛生的機能と社会的・心理的な機能とがある。保健衛生的機能としては，体温の保持と人体の保護とがある。人間の体温は，人体の熱利得（heat gain）と

人体からの熱放散（heat loss）のバランスによって調節されている。体温と気温との差が大きくなると、皮膚血管の拡張・収縮による熱放散の調節、呼吸気道からの水分蒸発、発汗による熱放散だけでは体温の保持が難しくなる。そこで、人体深部の体温を36〜37度に保つために、人は衣服の着脱を行っている。また人体の保護には、身体そのものの保護と活動性の保持とがある。

(1) 暖かい着方・涼しい着方（衣服内気候の調節）

人間の体は発熱体である。衣服内部の空気は体温によって暖められている。このとき皮膚と衣服の間の空気は、外気とは異なる温度、湿度をもつ。これを「被服気候」という。空気は熱伝導率が小さい優れた断熱材なので、暖めた空気を逃がさず保持すると暖かい着方になる。したがって、布1枚の場合よりも2枚を重ねて間に空気層をつくるほうが保温性は高い。

涼しい着方では、空気が体表面を循環できるように、ゆったりとしたデザインにすること、身体からの水蒸気を外気へと出やすくするとともに、皮膚から余分な汗を吸い取り蒸発させる。太陽光が照りつける場合は、放射エネルギーを遮断するために衣服を着る。さらに外気温が高い場合は、熱が身体に向かってこないように衣服で遮断する。消防士などの防炎耐火服などはその例である。

(2) 身体の汚染からの防護

皮膚は呼吸、発汗などによる体温調節などの重要な作用を営むため、機能が正常に働くように常に清潔にしなければならない。衣服は外界のチリやホコリ、汚泥、食べかすなどの汚染物質が身体に付着するのを防ぐ。また、人体から分泌される皮脂やアカなどを吸収して皮膚を清潔に保つ役割を果たしている。

（2）生活活動上の働き

衣服には、身体の安全と活動性を保持する働きもある。衣服の条件としては、
① 圧迫や抵抗が少なく体の動きを妨げず軽量なこと
② 快適な衣服内気候を維持し、肌触りがよいこと
③ 安全性を確保できること
④ 耐久性があること

などがあげられる。これらの機能を代表する例としては、作業服やスポーツウェアがあげられる。児童の生活上では、給食用の白衣やレインコート、登山用の防寒・暴風着、スポーツ用では体育着や水着などがある。また、蛍光色や反射板の付加により視認性をよくし事故防止に役立てている衣服もある。

こうした機能が十分に果たせない衣服や着方では、人体に悪影響を与える場合がある。大きすぎる衣服は、裾を引っかけるなどして転倒し、けがをする危険がある。また、足に合わない靴やかかとの高い靴で外反母趾や足の変形が起こることもある。適切なサイズを選ぶことは、身体保護の点からも重要である。

（3）社会生活上の働き

衣服の社会生活上の働きには、冠婚葬祭などの儀礼の場で社会における規範や慣習に沿ったかたちで弔意や祝意を表現する例などがあげられる。

心理的機能としては、自分らしく、美しく装いたいという気持ちの表現があげられる。小学校高学年では、流行に関心をもつ児童も増えてくるが、保健衛生上や生活活動上の役割も考えて衣服を選択できる力を育むようにする。

3　繊維や布の種類と特徴

（1）繊維の種類と特徴

繊維には、天然繊維と合成繊維とがある。化学繊維には、再生繊維、半合成繊維、合成繊維がある（表Ⅱ-5-1）。繊維を糸にすることを紡績という。絹や化学繊維のような長繊維（フィラメント）は、そのままあるいは数本を束ねて撚って糸にする。綿、毛などの短繊維（ステープル）は、糸を縦方向に引き伸ばしながら撚りをかけて糸にする。撚りにはS字方向にねじる「S撚り」と反対方向の「Z撚り」とがある。手縫いの木綿糸は「S撚り」、ミシン糸は「Z撚り」である。

繊維の吸湿性、染色性、耐光性、耐薬品製、防汚染、耐熱性、防かび性、防虫性、難燃性、耐電性などは性能がそのまま布の特徴に反映される。

表Ⅱ-5-1　繊維の種類と主な特徴および用途

分類		繊維名	原料	主な特徴			主な用途
天然繊維	植物繊維	綿	綿花	・肌触りがよい	・吸湿性がよい ・濡れても丈夫 ・洗濯に強い ・熱に強い	・しわになりやすい ・縮みやすい	・肌着,上着,シャツ類,タオル,寝具
		麻	主に亜麻	・触ると冷たく感じる			・ネクタイ,スカーフ,ワンピース,ブラウス
	動物繊維	羊毛	羊毛	・弾力に富む ・吸湿性がよい ・保温性が高い ・しわになりにくい	・濡らして揉むとフエルト化する	・アルカリに弱い ・紫外線で黄変劣化する	・紳士・婦人服 ・セーター類 ・防寒衣料
		絹	生糸	・しなやかで光沢がある	・吸湿性がよい	・虫害を受けやすい	・ネクタイ,スカーフ,ドレス,ブラウス
化学繊維	再生繊維	レーヨン	セルロース（植物繊維）	・肌触りがよい ・混紡や交織に適す	・吸湿性がよい	・濡れると弱くなり,縮みやすい ・しわになりやすい	・下着,婦人服,子ども服,服裏地
		キュプラ		・光沢がある ・しなやか			・服裏地,婦人用下着,婦人服
	半合成繊維	アセテート	セルロース＋化学薬品	・絹に似た感触と光沢 ・吸湿性がある ・熱可塑性（熱で変形し固定する）			・ドレス,ブラウス ・下着,スカーフ
	合成繊維	ナイロン	石油	・丈夫で軽い	・紡績の工程で,いろいろな断面,側面にすることができる ・吸湿性が小さい ・引っ張りや摩擦に強い ・しわになりにくい ・静電気を帯びやすい	・紫外線で黄変する	・ストッキング ・スポーツウエア
		ポリエステル		・比較的熱に強い		・熱に弱い ・汚れがつきやすい	・ワイシャツ・ブラウス,紳士・婦人・子ども服 ・カーペット
		アクリル		・弾力性があり,保温性が高い		・毛玉がつきやすい ・汚れが付きやすい	・セーター類,防寒用肌着・毛布・カーテン
		ポリウレタン		・伸縮性が高い		・塩素系漂白剤に弱い	・水着・肌着・くつ下

出典：世田谷区消費生活センターの資料をもとに筆者作成。

(1) 吸湿性

吸湿性は水分率で評価され，環境の湿度が高いほど増加し，湿度が低いほど低下する。繊維が吸湿すると，繊維や繊維製品は強度が低下し（綿，麻は例外），しわがつきやすく戻りにくくなり，耐電性は減少するなど，様々な影響が生じる。

(2) 吸水性

繊維と繊維のすきまに毛細管現象で水を吸収する性能をいう。吸湿性は繊維に影響されるが，吸水性は繊維断面の構造や組織など布構造に影響される。吸湿性に乏しい合成繊維でも，繊維表面を親水性物質にしたり，内部に多数の空孔をつくったり，断面の形を加工したりすれば，布の吸水性は向上する。

(3) 剛柔性

剛柔性とは曲げ反発性・しなやかさのことで，布の風合いや手触りに関係する。布の曲げ反発性は繊維が影響し，布の構造が密なほど大きい。ポリエステル，ナイロンなどの合成繊維は，紡糸ノズルの孔の形を変えて，様々な断面形状の繊維をつくることができる。たとえば，ポリエステルは，断面を三角形に加工することで絹に似た風合いをつくり，手触りのよさをつくり出している。

(4) 帯電性

物体が摩擦されると表面に静電気が発生する。物体が電気伝導性の小さい物質からなる場合は，静電気は分散しにくく表面に滞留する。繊維製品の場合は繊維の吸湿性が乏しいほど，また，環境の湿度が低いほど静電気を帯びやすい。帯電すると，衣服が体にまとわりついたり，放電して体に刺激を与える。洗濯時の柔軟剤の投入は，帯電防止効果を付与するためでもある。

（2）布の種類と特徴

(1) 布の種類

布には，編物，織物，フェルト・不織布がある。織物は経糸と緯糸とを交差させてできた布で，平織り，斜文織（綾織），朱子織を織物の「三原組織」と呼ぶ（表Ⅱ-5-2）。

編物は，糸をループ状にして絡ませて編んで布にしたもので，織物よりも伸

表Ⅱ-5-2　布の三原組織

名　称	平　織	斜文織（綾織）	朱子織
織り目			
特　徴	経糸と緯糸を交差させて織る。表裏の織り目が同じになる。布を丈夫で薄地にできる	経糸，緯糸をずらしながら交差させて織る。斜めにうねができる。平織よりも柔軟で丈夫	経糸または緯糸が表面で長く浮くように織る。柔らかく光沢がある
主な布	綿ブロード，ガーゼ，さらし，ギンガム	デニム，ギャバジン，サージ	サテン，ドスキン

出典：牧野・河野監（2012）186頁をもとに筆者作成。

縮性が高いので，下着やTシャツ，セーター，くつ下などに使われる。

フェルト・不織布は，どちらも繊維を絡み合わせて布にしたもので，羊毛の繊維でできているものをフェルトという。水滴をはじくことや，はさみで切っても裁ち目がほつれないことから手芸品や帽子，習字の下敷きにも使われる。

不織布は，繊維を薄いシート状に広げ，熱や樹脂，機械などによって繊維どうしを絡めたもので，各種のフィルターや使い捨て衣類などに使われている。

(2) 布の性質，特徴

通気性，保湿性などは，先にも触れたように繊維の性質よりも布の構造（粗密など）の影響が大きい。そのため異なる種類の繊維を組み合わせて紡ぎ糸にする方法（混紡）や，異なる繊維の糸を用いて織物をつくる方法（交編）などによって，繊維の性能を改善する方法がとられている。

① 通気性

布地を空気が通過する度合いのことで，布の組織が粗く，糸の隙間が多い物は空気を通しやすい。

② 保温性

保温性には空気が関係する。空気が最も熱を伝えにくいので，被服材料の保温性は含気量の大小に影響される。厚地のもの，毛羽の多いものなど内部

第5章 衣生活——快適な衣服と裁縫の学習

に空気を大量に保てるものが保温性に優れる(図Ⅱ-5-2)。

③ 引っ張り強度・伸度

引っ張り強度は,布が切断されたときの荷重で示す。一般に織物に比べ編物の強度は小さく,伸度は大きい。布の性能を高めるための加工処理には,表Ⅱ-5-3のようなものがある。

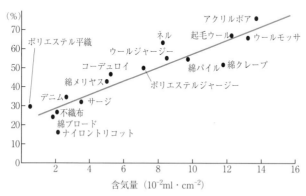

図Ⅱ-5-2 布地の面積当たりの気着量と保温率

出典:田村(2013)をもとに筆者改変。

表Ⅱ-5-3 布地の性能改善のための加工例

加工の種類	付加される性能	主な用途	加工の種類	付加される性能	主な用途
シルケット加工	光沢や接触感	ブラウス・ワンピース	透湿防水加工	水蒸気は通すが,水は通さない	レインコート,ヤッケ
防縮加工	濡れても縮まない	ワイシャツ,スーツ	帯電防止加工	静電気発生抑制	ブラウス,ワンピース,スーツ
ウオッシュ&ウエア加工	アイロンかけ不用	ワイシャツ,ブラウス	吸水・吸汗加工	水を吸いやすい	スポーツウエア,ワイシャツ,ブラウス
パーマネント・プレス加工	型崩れ防止,折り目やプリーツの保持	ブラウス・スカート,ズボン	抗菌・防臭加工	菌の繁殖を防ぐ,汚臭成分を分解する	くつ下
防炎加工	着火,燃焼しにくい	カーテン,カーペット	紫外線防止加工	紫外線を遮る	ワイシャツ,ブラウス

出典:牧野・河野監(2012)189頁。

4 衣服の購入と布製品の製作

(1) 衣服の購入

衣服を購入する際には，サイズ表示（JIS）を見て試着をし，体に合うか，活動を妨げないかなどを確認するほか，表Ⅱ-5-4，図Ⅱ-5-3，表Ⅱ-5-5についても確認するとよい。

表Ⅱ-5-4 衣服購入時の点検項目

バスト		体型	ヒップの大きさ	チェスト		身長	
番号	寸法(cm)	Y	A体型より4cm 小さい	体型の記号	ウエストとの寸法差(cm)	番号	寸法(cm)
		A	普通の体型				
3	74	AB	A体型より4cm 大きい	J	20	3	160
5	77	B	A体型より8cm 大きい	JY	18	4	165
7	80			Y	16		
9	83	身　長		YA	14	5	170
11	86	記号	寸法(cm)	A	12	6	175
13	89	PP	142	AB	10	7	180
15	92	P	150	B	8	8	185
17	96	R	158	BB	6		
19	100	T	166	BE	4	9	190
				E	0		

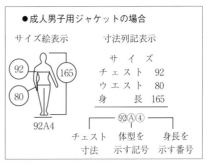

図Ⅱ-5-3 サイズ表示（JIS）

出典：表Ⅱ-5-4，図Ⅱ-5-3ともに，牧野・河野監（2012）183頁より筆者改変。

第5章 衣生活——快適な衣服と裁縫の学習

表Ⅱ-5-5　衣服購入時の点検項目

項　目	チェックすること
サイズ・デザイン	・サイズは合うか ・色・柄やデザインは飽きのこないものか ・脱ぎ着しやすいか ・自分に似合うか ・手持ちの服と組み合わせて着られるか
品　質	・繊維組成はどうなっているか ・着用目的に合う性能か ・手入れのしやすさ（取り扱い絵表示で確認）
仕立て	・縫い目や布目の方向はよいか ・縫い代の分量や始末の方法はよいか ・襟や袖，付属品の付け方はよいか
価　格	・予算に合うか ・どこで買うか ・支払い方法をどうするか
生産の背景	・生産国，メーカー，価格は妥当か

出典：牧野・河野監（2012）183頁より筆者改変。

（2）手縫い・ミシン縫いと布製品の製作

(1) 教材準備と製作計画

　小学校では手縫い，ミシン縫いの基礎的な知識・技能の習得ならびに，それらを活用して「生活を楽しく豊かにする物」を製作する。作品には，身の回りを快適にしたり，楽しい雰囲気をつくり出したり，人との関わりを深めたりするものを考えさせる。児童にはクッションカバー，手さげ袋，エプロンなどが好まれている。学習にあたっては，身の回りでは，どのような布製品が使われているかを観察させ，つくるものを決めさせる。その際，数種類の作品見本を作業の難易度や製作時間とともに提示するなどして，自分の技能に見合った作品を選ぶことができるように支援するとよい。製作計画を立てることは，学習の見通しをもつうえで大変重要な活動である。計画については，個別の対応や指導が必要である。

　手縫いやミシン縫いの練習用布は，教師が用意するようにする。いずれも木綿の布が適している。手縫いでは，さらし布など布目の粗い布を用いると，児

童には扱いやすい。ミシン縫いの練習には，綿布のほか，不織布や薄地のフェルトも適している。材料に家庭の古布などを持参させる場合は，Tシャツなどの伸縮性のある布や，すべる布，針通りの悪い厚地の布などは児童には扱いが難しいので避けるように説明し，家庭にも事前に連絡しておくようにする。

(2) 裁縫用具の用意と使い方

裁縫用具は，各自の物を用意させる。縫い針（長・短各2～3本），記名のできるセルまち針5～10本，針刺し，糸切りばさみ，30番の手縫い糸（白，黒，赤色）チャコ鉛筆，指抜き（長針用と短針用）を最低限の用具として用意させる。裁ちばさみ，メジャー，竹尺（30cm），ミシン用ボビン，ミシン糸，縫い目をほどくためのリッパーなどは，学校備品として人数分用意しておくとよい。

〈印付けの用具〉
　　竹尺で寸法を計り，チャコ鉛筆で印を付ける。チャコ鉛筆で引いた線は水洗いしないと消えないので，長く線を引くのではなく，短い線で印をするようにさせる。「角」は直線2本を交差させて，角の位置が明確にわかるように引く。

〈針，まち針〉
　　針は，短針（長さ30～33 mm）と長針（45～51 mm）を用意させる。針穴の大きいものを選ぶように話し，縫うことに慣れるまでは，長針を使わせるとよい。
　　まち針は，記名ができる和裁用の「セルまち針」を用意するようにする。縫い始め地点（利き手側）→ 縫い終わり地点 → 中心地点の順に打つ。
　　針については，毎回「長針1本，まち針5本」を針刺しに刺しておくように指導する。余分な針は裁縫箱に収納させる。作業の前後に出した針の数を記録するなど，針やはさみの安全な扱い方の指導を徹底し，安全保持に努める。

(3) 手縫い・ミシン縫いの基礎的技能

〈手縫い〉
　　小学校では，「なみ縫い」「本返し縫い」「半返し縫い」「かがり縫い」およびボタン付けを指導する。一斉指導だけで習得を図るのは難しいので，段階見本や示範のDVDなどで繰り返し確かめながら学習できるようにするとよい。また，友達どうしでの教え合いを取り入れると効果的である。
　　ボタン付けの指導では，はじめにボタンのつき方を観察させ，「糸足」分のゆる

みがボタンと布の間につくられていることに気づかせる。図Ⅱ-5-4のような点検表で自己評価ができるようにするとよい。

手縫いの練習では，単純な反復練習ではなく，名前の縫い取りを練習した布を「名札」にするなど，技能を楽しく習得できる教材を工夫するようにする。

〈ミシン縫い〉

学校で使うのは家庭用ミシンであるが，このほかに，職業用，工業用がある。ミシン糸には綿，絹，ポリエステルのものがあるが，素材と同じ繊維の糸を使う。

ミシン針はHA×1という種類（JIS規格）で，針の幹の太さ順に7～16番までの10種類があり，番号が大きいほど太い。

布地の厚さに合わせて，縫い針と糸のサイズを選ぶ（表Ⅱ-5-6）。サテンなどの一般生地用は11番（針の直径0.77 mm），中厚生地は14番（同0.92 mm）が適する。

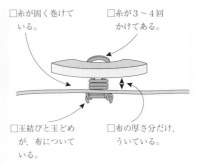

図Ⅱ-5-4　ボタン付けの点検票
出典：渡邊他（2010）27頁。

表Ⅱ-5-6　針と糸の関係

布	針の太さ	ミシン糸
普通の厚さの綿，化学繊維の布	11番	50～60番
厚地の綿，化学繊維の布	14番	40～60番

出典：渡邊他（2010）33頁を一部改変。

また，ミシン糸は，30番（太い），60番（普通），90番（細い）と，数が大きいほど細くなり，60番のミシン糸の汎用性が一番高い。

ミシンを初めて動かす児童が多いことから，まず，ゆっくりと動かして観察させ，ミシン各部の名称を確認させるとよい。

次に，毎回電源を入れる前に以下の4点を確認させるようにする。

　①　ミシンの速度は「ゆっくり」に設定されているか
　②　「針どめとめねじ」が固く締められているか
　③　針はまっすぐに針穴に入るか
　④　「上糸調節装置」と「送り調節装置」は適切か（「自動」や「3の目盛り」）

また，ミシンの転倒防止のためのストッパーがセットされているか，電源がタコ足配線や，コードでつまずきやすい状態になっていないかなど学習環境の安全をしっかりと確認する。ミシンの操作に慣れるには，糸をつけずに縫う「空縫い」から学習を始めるとよい。ただし，糸がついていないことから，針が適切につけられていないと針が折れたとき大変危険なので，前述の4つの点検を徹底するようにする。

(4) 布製品の製作と評価

製作学習では，実際に作品を使って使い心地など作品を評価し改善点を考えるようにする。評価にあたっては，結果だけでなく，「作業の計画表」に毎時間，活動の内容と振り返りとを記入させ，製作途中での工夫や努力などを見取る「形成的な評価」をこまめに行い，評価を指導に生かすようにする。

5　衣服の手入れと洗濯

（1）衣服の手入れ

(1) 汚れの種類と手入れ

衣服に付着する汚れには，汗やホコリなどの水溶性のものと，皮脂や食品などの油性のものとがある。着用に伴って汚れが衣服に付くと，快適でなくなるだけでなく，布としての性能も落ちる（図Ⅱ-5-5）。原布を100%とすると，木綿では吸水率が36.8%，通気量で43.8%減少する。レーヨンでは吸水率が36.7%，通気量が32.7%，ナイロンでは吸水率が1.1%，通気量が27.7%減少する。衣服の手入れには洗濯，ブラッシング，ボタン付けや繕い，防虫などがある。

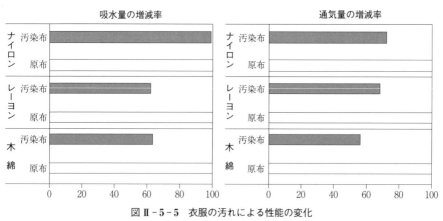

図Ⅱ-5-5　衣服の汚れによる性能の変化

注：原布の場合を100%とした。
出典：中橋（1967）をもとに筆者作成。

(2) 洗濯用洗剤の種類と特徴

洗濯には，洗剤水溶液で洗う湿式洗濯（ランドリー）と有機溶剤で洗う乾式洗濯（ドライクリーニング）とがある。

洗剤には，汚れを落とす主成分である界面活性剤と洗浄や仕上げの効果を高めるための助剤とが配合されている。界面活性剤は，親水基と親油基とで構成されており，親油基は汚れに付着し，親水基は水になじもうとする。よって，界面活性剤を布の入った水に投入すると，親水基の働きで水の表面張力が低下し，布や汚れが濡れやすくなる。これにもみ洗いなどの水を動かす力が加わると，親油基に付着した汚れが布から水中へと引きはがされ，布に再付着できないようになる。このように界面活性剤には浸透（水を布にしみ込ませる），乳化（油と水をなませる），分散（水中に汚れを引きはがす），再付着防止作用（汚れを布に戻さない）があり，この性質が洗濯に利用されている（図Ⅱ-5-6）。

洗剤は，濃度0.1％のときに最も洗浄効果を発揮する（図Ⅱ-5-7）。洗剤を多く投入しても洗浄効果は上がらない。洗剤の表示に書かれている「標準使用量」を読み取って使うことが，洗浄効果のうえでも環境に対する配慮のうえからも大切である。

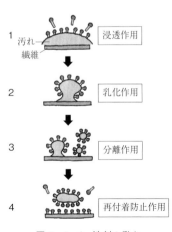

図Ⅱ-5-6　洗剤の働き

出典：筆者作成。

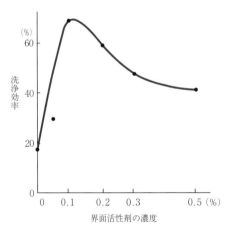

図Ⅱ-5-7　洗剤の濃度と洗浄効果

出典：中西（2007）88頁より改変。

表Ⅱ-5-7　漂白剤の種類と特徴並びに対応する繊維

種類		主成分	形状・液性	毛・絹	色・柄物
酸化型	塩素系	次亜塩素酸ナトリウム	液体 アルカリ性	×	×
	酸素系	過酸化水素	液体 弱酸性	○	○
		過炭酸ナトリウム	粉末 弱アルカリ性	×	○
還元型		二酸化チオ尿素	粉末 弱アルカリ性	○	×

出典：牧野・河野監修（2012）191頁をもとに筆者作成。

```
┌──────────────┐  ┌──────────────────┐  ┌──────────────────┐
│ 羊毛50%      │  │ 表地　羊毛80%    │  │   指定外繊維      │
│ アクリル30%  │  │　　　ナイロン20% │  │ (繊維の名称または商標) │
│ ナイロン20%  │  │ 裏地　キュプラ100% │ │                  │
└──────────────┘  └──────────────────┘  └──────────────────┘
```

図Ⅱ-5-8　組成表示

出典：筆者作成。

衣類にしみがついた際には漂白剤が使われる。酸化型と還元型があるので，使う繊維の種類によって使い分ける（表Ⅱ-5-7）。また，塩素系漂白剤と酸性洗剤との併用は危険なので避けるよう充分に注意する。

(3) 組成表示，取り扱い絵表示

組成表示とは布を構成する繊維を表示したものである（図Ⅱ-5-8）。また，衣服に取り付けられている「取り扱い絵表示」（図Ⅱ-5-9）には，日本で定めたJIS規格によるものとISO（国際標準化機構）によるものとがあったが，2016年12月1日よりISO表示への移行が開始された。しばらくはJISと併用される。

(4) 仕上げ・保管

衣類を速く乾かすためには，通風をよくすることが効果的である。アイロンをかける際には，繊維の種類に適した温度でかけるようにする。アイロンの使用にあたっては，児童の安全に充分配慮するとともに，コンセントの許容電流量を確認して，その使用範囲を超えないように注意する。

第5章　衣生活――快適な衣服と裁縫の学習

(1) 洗濯

JIS	ISO	JIS	ISO
95	95 最高洗濯温度95℃ 普通操作	弱40	40 最高洗濯温度40℃ 弱い操作
	70 最高洗濯温度70℃ 普通操作		40 最高洗濯温度40℃ 非常に弱い操作
60	60 最高洗濯温度60℃ 普通操作		30 最高洗濯温度30℃ 普通操作
	60 最高洗濯温度60℃ 弱い操作	弱30	30 最高洗濯温度30℃ 弱い操作
	50 最高洗濯温度50℃ 普通操作		30 最高洗濯温度30℃ 非常に弱い操作
	50 最高洗濯温度50℃ 弱い操作	手洗イ30	手洗い 最高温度40℃
40	40 最高洗濯温度40℃ 弱い操作		家庭洗濯禁止

(2) 漂白

JIS	ISO
エンソサラシ	どのような酸化漂白剤も使用可能
	酵素系／非塩素系の漂白剤のみ使用可能
サラシ	漂白不可／漂白禁止

(3) アイロン

JIS	ISO
高	底面の最高温度200℃まで
中	底面の最高温度150℃まで
低	底面の最高温度110℃まで
	アイロン禁止

(4) 商業クリーニング

JIS	ISO
ドライ	P テトラクロロエチレン及び記号Pに記載の全ての溶剤での業者によるドライクリーニング 普通操作
	P テトラクロロエチレン及び記号Pに記載の全ての溶剤での業者によるドライクリーニング 弱い操作
ドライセキユ系	F 石油系溶剤（蒸留温度150-210℃、引火点38-70℃での業者によるドライクリーニング 普通操作
	F 石油系溶剤（蒸留温度150-210℃、引火点38-70℃での業者によるドライクリーニング 弱い操作
ドライ	ドライクリーニング禁止
	W 業者によるウェットクリーニング 普通操作
	W 業者によるウェットクリーニング 弱い操作
	W 業者によるウェットクリーニング 非常に弱い操作

(5) タンブル乾燥

JIS	ISO
—	タンブル乾燥が可能 普通の温度：排気温度は最高70℃
—	タンブル乾燥が可能 低音での乾燥：排気温度は最高50℃
—	タンブル乾燥禁止

(6) 自然乾燥

JIS	ISO	JIS	ISO
	ラインドライ吊干し		日陰のラインドライ 日陰の吊干し
	ドリップラインドライ 濡れ吊干し		日陰のドリップラインドライ 日陰の濡れ吊干し
平	フラットドライ平干し	平	日陰のフラットドライ 日陰の平干し
	ドリップフラットドライ 濡れ平干し		日陰のドリップフラットドライ 日陰の濡れ平干し

(7) 絞り

JIS	ISO
ヨワク	手絞りの場合は弱く、遠心力脱水の場合は短時間で絞る
	絞ってはいけない —

図Ⅱ-5-9　取り扱い絵表示
出典：全国クリーニング生活衛生同業組合連合会ウェブサイトより。

引用・参考文献

稲山ますみ他，左巻健男監（2010）『石鹸・洗剤100の知識』東京書籍。
エリザベス・クライン著，鈴木素子訳（2014）『ファストファッション』春秋社。
片山倫子編，阿部幸子他（2010）『衣の科学シリーズ　衣服管理の科学』建帛社。
世田谷区消費者生活センター資料。
全国クリーニング生活衛生同業組合連合会。(http://www.zenkuren.or.jp)
高田亜佐子・田原聖隆（2010）「衣類におけるライフサイクルアセスメントの現状と課題」『廃棄物資源循環学会誌』21(3)．148～156頁。
田村照子（2013）『衣服と気候』成山堂書店。
中小企業基盤整備機構（2016）「繊維製品3R関連調査事業報告書」。(www.smrj.go.jp/keiei/dbps_data/)
中西茂子（2007）『洗浄と洗剤の科学』コロナ社。
中橋道子（1967）「被服材料の汚れによる性能変化」『家政学雑誌』18(1)．24～29頁。
日本家政学会被服衛生学部会（2015）『アパレルと健康――基礎から進化する衣服まで』井上書院。
牧野カツ子・河野公子監（2012）『家庭総合――自立・共生・創造』東京書籍。
渡邊彩子他（2010）『新しい家庭5-6』東京書籍。

学習の課題

(1) 自分のシャツやブラウスなどを1点取り上げて「取り扱い絵表示」，「組成表示」，「サイズ表示」とそれらの意味を書き出し，表にまとめよう。
(2) 文庫本が1冊入る大きさのきんちゃく袋を手縫いで製作し，「取り扱い絵表示」，「組成表示」，「表示者の表示」を書いた布ラベルを縫い付けてみよう。
(3) ウール100％のセーターの手洗いの仕方を調べ，イラストも加えてA4サイズの用紙1枚にまとめよう。

【さらに学びたい人のための図書】

田村照子（2013）『衣服と気候』成山堂書店。
　⇨暖かい（涼しい）着方などに関する解説が豊富なデータと共にわかりやすく記されている一冊。
楠　幹江（2005）『衣文化の科学・十話』化学同人。
　⇨『イソップ物語』や『枕草子』など数々の文芸を切り口とした衣服学の入門書。

（勝田映子）

第6章 住生活──「快適な住まい方」の学習

この章で学ぶこと

住まいは人間生活の基盤である。しかし，現代は多様な居住問題が存在し，健康・快適・安心・安全な住生活の実現に向けては課題がある。一方，豊かな住生活を営むために必要な力を習得する住生活学習は小学校家庭科から始まる。初めての学習では，どんな内容を学びどんな力を身につけるのだろうか。

本章では，学習指導要領における住生活学習の位置づけと，その学習内容の特徴や指導上の工夫等を理解し，教材研究の基本的事項を学ぶ。また，小学校家庭科の学習内容を通してこれからの住まい方の課題について展望したい。

1　住生活の学習とは

（1）住まいは生活の器

住まいは生活の器といわれ，誰にとっても必要なものである。だが，経済大国と呼ばれる日本でも住まいがない人々が存在し，また何らかの事情で突如住まいを失ってしまうことも珍しくない。あるいは，住まいがあっても問題を抱えている場合がある。狭く，危険で，不衛生な空間，家族のプライバシーが確保されない間取り，騒音や大気汚染などがある住環境，高い家賃や住宅ローンの負債で苦しい家計，常に立ち退きの不安を抱えながらの生活…など，様々なタイプの居住問題がある。そして不適切な住まいは，心身の健康，安全，人格形成，経済的な負担などあらゆる側面から生活の質に悪影響をもたらす。

こうした居住問題を解決していくには2つのアプローチがある。1つは居住者一人ひとりが住生活を主体的に営む力をつけることである。健康で快適な住

まいにするための知識と技術を身につけ改善に向けて実践していくことだ。もう1つは，居住の政策・制度を充実させて社会が適切な住まいや住環境を保障していくことである。しかし日本では「住宅は自己責任」との意識が根強く，居住問題解決のための公的な政策は決して十分ではない。

　住まいは私たちが人間らしく生きるうえで不可欠なものである。だからこそ，住生活をよりよくするための個々の居住改善能力と社会の責務の両者が大切である。そうした認識をもつこと，つまり住意識の向上は居住問題を解決するうえで大きな課題のひとつである。そのため住教育の果たす役割は大きいといえる。

（2）児童の住生活の実態と課題

　では子どもたちが育むべき住まいの改善能力とは何か。児童の住生活の実態から探ってみたい。自分1人の部屋の所有率は学年進行とともに高くなり，小学1年生の25.3％に対し，5年生で40.0％，6年生で45.8％，高校2年生では75.5％である。小学校高学年は個室の所有率が高くなるとともに自我が芽生える思春期を迎えるため，自分の空間や居場所をより意識する時期といえるだろう。

　「快適な住まい方」の基本的知識・理解を問う学習状況調査では，整理・整頓，掃除，通風・換気，採光については相当数ができていたが，季節に応じた快適な住まい方において自然の力を生かす方法を工夫することは課題だと指摘されている。一方，家庭での子どもの生活に関する保護者の悩みや気がかりの1位は，小・中・高校のどの学校段階でも「整理整頓・片づけ」で，小学4〜6年生の親では約6割（59.7％）が悩んでいる。また，家の仕事や手伝いについて子どもに尋ねた結果でも，「掃除をする」は38.6％で実施率は高くない。

　快適な住まい方の知識は定着しても実生活では生かせておらず，住空間の整備は親まかせが多い。自立心が高まるこの時期にこそ，生活の自立の基礎として身の回りを快適に整える知識と技術の習得が必要ではないだろうか。

（3）小学校家庭科での学習の意義

　小学校家庭科の住生活領域は児童が初めて「住生活」に向き合う学習である。

まずは住まいに関心をもち、積極的に関わろうとする実践的な態度を育成したい。学習内容は小・中・高校と系統性をもって発展するが、小学校では家の中のことを中心に学ぶ。家族の一員としての自覚をもたせ、家の中を快適にして暮らすことのよさを、具体的な事例や体験を通して実感させたい。住宅そのものを変えることは難しいが住まい方の改善は実践できる。また、人間を取り巻く環境との視点に立つと住まいと衣服は関わりが深い。そのため衣生活とも関連させ、身の回りの環境を自分で整える実践力を育成したい。

子どもにとって住まいはあって当然という意識が強いだろう。しかし、日常生活を見直すなかからその重要性に改めて気づかせ、人間らしく生きるために欠かせないものだという考えを児童期から深めたいところである。

2 住生活の学習内容

(1) 学習指導要領における住生活

住生活の内容は、学習指導要領では「B 衣食住の生活」の6項目のうちの1つである「(6) 快適な住まい方」にあたる。ここでのねらいは、「課題をもって、健康、快適、安全で豊かな住生活に向けて考え、工夫する活動を通して、快適な住まい方に関する基礎的・基本的な知識及び技能を身に付け、住生活の課題を解決する力を養い、住生活をよりよくしようとする実践的な態度の育成」と示されている。また、指導事項のアは「知識及び技能」の習得、イは習得した知識・技能を活用し「思考力、判断力、表現力等」を育成することに係る事項として構成されており、問題解決型学習を一層充実させる方向性にある。

学習指導要領における「住生活」学習の目標と内容

(6) 快適な住まい方
 ア 次のような知識及び技能を身に付けること。
  (ア) 住まいの主な働きが分かり、季節の変化に合わせた生活の大切さや住まい方について理解すること。
  (イ) 住まいの整理・整頓や清掃の仕方を理解し、適切にできること。
 イ 季節の変化に合わせた住まい方、整理・整頓や清掃の仕方を考え、快適な住まい方を工夫すること。

学習内容は,「住まいの主な働き」「季節の変化に合わせた住まい方(①暑さ・寒さ,②通風・換気,③採光,④音)」「住まいの整理・整頓」「住まいの清掃」の4つである。つまり,これらの内容の基礎的・基本的な知識と技術を身につけて,それを児童にとって身近な生活の中から設定した住生活の課題を解決する場面で活用し,快適な住まい方の工夫ができる能力の育成を目指している。

加えて,今回の改訂では全校種に共通して「生活の営みに係る見方・考え方を働かせる」との考えが示された。住生活の学習では,「健康・快適・安全」や「生活文化の継承・創造」の視点で物事を捉え考察することが提案されている。

(2) 他領域・他教科等との関連性

住生活の学習は生活事象を「住」の側面から捉えたものである。しかし,居住者である家族や衣・食などの様々な生活行為,住まいを取り囲む地域や環境との関わりなくして住生活を捉えることはできない。

内容の指導や題材構成において関連を図って扱うよう配慮するとされた主な事項との関係は図Ⅱ-6-1の通りである。小学校家庭科の他領域や他教科,加えて中学校や高等学校での家庭科の内容との系統性も踏まえて,全体を見通した指導計画の工夫が必要である。

(3) 指導方法の工夫と配慮

住生活学習の指導の工夫と配慮においては,「日本の生活文化に関する内容の充実」と「児童のプライバシーへの配慮」の2点に着目しておきたい。

Bの「衣食住の生活」では「日本の伝統的な生活についても扱い,生活文化に気付くことができるよう配慮」することが掲げられた。生活文化とは「人間がよりよい生活を求めるなかで,ある特定社会の人々によって創造され,共有され,伝達される生活様式」である。そのため伝統的な生活文化は,人々が生活を通じて地域の環境を理解し,それに様々な働きかけをして築き上げ,世代を超えて継承されてきた成果といえる。その価値や意義の気づきを通して現代の生活の質を問い直し,継承すべきことは何かを考えさせたい。

第6章 住生活——「快適な住まい方」の学習

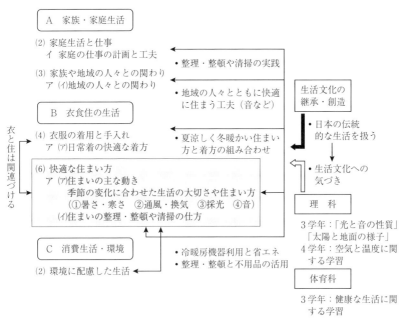

図Ⅱ-6-1 「快適な住まい方」とその他領域・他教科等との関連性の一例
出典：筆者作成。

　住生活学習における児童のプライバシーへの配慮の必要性は，学習指導要領解説にも記載がある。住宅事情は各家庭の経済状況や家族関係を反映しやすいため，住生活の振り返りや家庭での実践場面で，児童の家庭状況に触れる可能性は高い。そのため，題材の設定や発表の仕方などに配慮や工夫が必要となる。

　一方，各家庭の住生活は閉ざされて各々の経験に依拠してしまうからこそ，家庭科で学ぶ意義がある。快適な住生活を科学的に理解し，自分の家庭の現象を客観的に捉えることで，住生活の改善課題や展望を見出す機会にしたい。

3　住まいの働きと季節の変化に合わせた住まい方

（1）住まいの主な働き

　「住まいの働き」とは，私たちが生活するうえで住宅に求められる条件や役

割についてである。「なぜ住まいが必要なのか」「もし住まいがなかったらどうなるか」を考えることでその本質に迫ることができる。

　住まいの働きは大きく3つに分けられ順次性がある。第1に自然や外敵から生命（や財産）を守る避難・防災の場としての保護的な機能、第2に育児・食事・団らん・接客など生活行為を営むための家庭生活の場としての生活的な機能、第3に個室をつくる、ライフスタイルを生かした住まいにする、など私的生活を充実させる個人発達の場としての文化的な機能である。住まいの機能はこの順序で充実し発展してきた。

　小学校では、「雨や風、暑さ・寒さなどの過酷な自然から人々を守る生活の器としての働きが分かる」という、最も根源的で重要な保護的な機能の理解が学習の中心的なねらいである。この機能を満たす基本条件は屋根や壁があることだが、それだけでは十分とはいえない。災害に強い安全な構造・材料であり、生活を営むうえで快適で、健康を促進し、くつろぎ、心落ち着く空間を実現する条件も必要であることに気づかせたい。なお、中学校では「心身の安らぎと健康を維持する働き」と「子どもが育つ基盤としての働き」を扱う。

（2）暑さ・寒さ（熱環境）と通風・換気（空気環境）

　室内環境は、「熱・空気・光・音」の4つの環境で捉えられる。室内が適度な温度や湿度、清潔な空気に保たれ、生活行為に応じた適度な明るさや静けさがあるとき、私たちは心地よいと感じる。子ども自身が、室内が心地よい状態と不快な状態を思い出すことから始めると、学習に取り組みやすい。

○ 暑さ・寒さ

　室内の温度や湿度の調節の方法は、人工の冷暖房器具の活用と自然の利用とがある（表Ⅱ-6-1）。冷暖房器具には、扇風機、エアコン、ストーブ、ファンヒーター、床暖房など様々な種類があるが、効果的かつ安全に使うためには各種器具の特徴と注意点を理解しておきたい。たとえば冬の暖房器具の、石油・ガスストーブ、石油ファンヒーターなどで強制給排気装置（FF）がない場合は、燃焼時に室内の酸素を消費し、排気を室内に放出するため室内が酸素不足にな

第6章　住生活――「快適な住まい方」の学習

表Ⅱ-6-1　暑さ・寒さへの対処と工夫

対処	夏を涼しく暮らす工夫	例	冬を暖かく暮らす工夫	例
器具の活用	冷房器具をじょうずに使う	・設定温度の配慮 ・掃除をこまめにするなど	暖房器具をじょうずに使う	・配置場所の工夫 ・換気をこまめにするなど
通風と換気	風通しをよくする	・窓の開閉条件による風通しの効果を比較するなど	換気の仕方に注意する	・結露・カビ・ダニ発生防止 ・COなど汚染空気の除去
自然の原理や装置の活用	窓に日よけを置く	・すだれ，ブラインド，ひさし，よしずなどの活用など	日光を取り込む	・赤外線を取込む ・床や壁からの放射熱利用
	窓の外側に緑の植物を置く	・つる性の植物（朝顔，へちまなど）で緑のカーテン	開口部からの冷気を防ぐ	・窓，ドアを完全に閉める ・厚手のカーテン
	打ち水をする（玄関前など）	・水が蒸発し気化する際に地面の熱を下げ気温が下がる	床面を暖かくする	・じゅうたんやカーペットなど
着衣調節	涼しい着方をする	・薄着で風通しがよい服の着用 ・首を冷やすなど	暖かい着方をする	・重ね着やひざ掛け ・厚手の靴下やスリッパなど
色彩調節	涼しく感じる色を使う	・寒色系（青・青緑など）のファブリックや小物の活用	暖かく感じる色を使う	・暖色系（赤・黄・橙など）のファブリックや小物の活用など
小物利用	涼しく感じる工夫をする	・風鈴やガラスの小物など	暖かく感じる工夫をする	・キャンドル・照明器具 ・クッションの柄や素材など

出典：筆者作成。

り一酸化炭素の排出を招くことがある。そのため現代の高気密な住宅では十分な換気が必要となる。また，窓下に放熱器を設置すると，窓ガラスの結露や，冷えた空気が床面に降下するコールドドラフトも生じにくくなる。

　しかし，過度な機械への依存には問題がある。人間の身体には気温の変化に対応する能力が自然に備わっていて，暑いときには皮膚の血管を拡張して放熱し汗をかき，寒いときには皮膚からの放熱を防ぎ産熱する。だが，人工環境に

頼りすぎるとそうした人間の健康維持機能を活用する機会が減る。また，電気・ガス・石油などの資源の消費は，二酸化炭素の排出による地球の温暖化，冷房時の熱排出によるヒートアイランド現象などを引き起こす。

　一方で，自然を活用し快適に過ごす方法もある。夏季には窓をあけて通風により涼を感じる住み方，冬季には太陽光の暖かさを室内に取り込む住み方などである。また暮らし方の工夫として，暑さ・寒さに応じた着衣調節，視覚的に暖かさや涼しさをもたらす色彩調整，夏季の打ち水，緑のカーテン，風鈴の使用など，暑さ・寒さをやわらげる様々な方法がある。

　授業では，地域の風土や特性に合わせて夏の涼しさと冬の暖かさのどちらを題材にしてもよい。「暑い（寒い）ときどうするか」という児童の生活経験の意見交流，窓の開閉条件による風通しの比較などの実験，自然を生かした住み方の工夫の調べ学習など，様々な活動を通して快適に過ごす工夫を考えさせたい。また，快適な着方から住まい方へと広げ考えさせる授業展開も意識したい。

〇 通風・換気（空気環境）

　暑さ・寒さに関連した空気の流れには，夏季に涼しく過ごすための「通風」と，冬季に室内の汚れた空気を入れ換えるための「換気」がある。効果的な通風・換気の仕方を理解し，それによって湿度を調節し結露やカビ・ダニの発生を防止でき，室内の汚れた空気を清浄化できることなどにも気づかせたい。

　換気の目的は室内の熱，湿気，有害物質，においなどを除去し新鮮な空気を取り込むことにある。室内の空気汚染の原因となる物質の発生源は，主に次のようなものがある。

　　① 在室者（呼吸や発汗，臭気，喫煙・清掃など生活行為に伴う粉塵など）
　　② 燃焼系設備機器（ガスレンジ・ストーブなどの燃焼ガス，排熱，水蒸気など）
　　③ 建築内部仕上げ・生活用品（新築・増改築直後の建材・塗料や新しい家具，生活用品などからの化学物質・臭気，カーペット・カーテンのカビ・ダニなど）
　　④ 特定の室条件（台所・便所・浴室などの臭気，煙，水蒸気など）

　なかでも，一酸化炭素や二酸化炭素，カビ・ダニ，化学物質などは健康に悪影響を及ぼす。

換気は窓開閉による自然換気（風力換気と重力換気）と換気扇などによる機械換気がある。2003年の建築基準法改正では，シックハウス対策の1つとして新築や一定のリフォームをする住宅に24時間機械換気設備の設置が義務づけられた。現代の住宅は高気密・高断熱化が進み，冷暖房の省エネの観点から，また都心の生活では住戸の密集による外部環境の悪化などの理由で，窓をあける機会が減少している。しかし，清浄な空気の入れ替えがないと汚染空気がこもりやすいため，季節を問わず意識的に換気を励行することが大切である。

通風・換気の大切さは小学校で実感的に学ばせたい。また「住まいの清掃の仕方」の学習と関連づけることも可能である。

（3）採光（光環境）

採光とは太陽光を窓などの開口部から室内に取り入れることだが，可視光線（人間が見ることのできる電磁波；波長380〜780nm）により室内の明るさが確保される。また，人工的な光で補うことで，自然光の届かない場所や時間でも活動できる。小学校では自然採光による昼光照明を主に扱い，人工照明は必要性に触れる程度である。勉強や読書などの児童の身近な生活と目の健康とを関連させ，適度な明るさを確保する必要性とその方法の理解がねらいである。

明るさの指標として一般的に用いられているのは照度（単位はlx；ルクス）で，単位面積当たりに入射する光束の量，つまり受光面の明るさを示す。適切な明るさは，空間の用途（居間，台所，寝室など）や作業内容（団らん，調理，読書など）によって異なる。その推奨照度はJIS照度基準を参考とする。また，学校内の明るさの基準としては「学校環境衛生基準」（文部科学省 2018年4月一部改正）が設けられており，教室内は300ルクスを下限とし，500ルクス以上が望ましいとされている。

授業では，照度計を使って教室（窓側と廊下側など）や廊下の明るさを計測することにより，明るさの違いや適切な明るさに気づくことができる。採光により得られる明るさは，窓の大きさや位置，窓ガラスの素材や状態（透過率），窓からの距離（測定点），床・壁・天井などの室内の仕上げ（反射率），天候の状況

などの影響を受ける。また，直射光などの明るい環境に長時間いると目の疲労の原因になるため，時間帯に応じてカーテンやブラインドを利用した受光量の制御も必要である。こうした様々な条件を踏まえて採光の工夫を考えさせたい。

　太陽光を受ける日照は，明るさのほかにも赤外線による暖かさや乾燥，紫外線による殺菌作用などの効果をもたらし室内を快適で衛生的にする。適度な紫外線がビタミンDを体内で生成する働きや，光を浴びると体内のメラトニンの分泌が抑制されて脳が覚醒することにより生活リズムを整える働きもあり，日照は人間の心身の健康にも深く関わっている。

（4）音（音環境）

　日常生活では様々な音が発生し，私たちはその音に囲まれて暮らしている。人の話し声，ドアや窓の開閉音，音響機器からの音，洗濯機や掃除機などの電化製品の音，トイレや浴室の給排水音，また家の外からは車の音やペットの鳴き声が聞こえてくることもあるだろう。

　音は空気が振動する波動で，それを伝達する媒体が空気（空気音；空気の振動による伝達）か，物体（固体音；物体の共鳴による伝達）かによる違いがある。また，心地よい音と不快な音（騒音）があり，感じ方には個人差があり時間帯による違いもある。そのため自分が出す音についての加害者意識は低く，聞きたくない音には敏感で被害者意識は高くなりやすい。とくに密集した都市部の住宅や集合住宅では深刻な騒音トラブルを招くことがある。

　音を立てずに生活することはできないが，音の出し方や防ぎ方を意識して工夫すれば解決できることも多い。「遮音」は音を遮断することであり，窓やドアの隙間を少なくして室内の気密性を高めたり，厚い壁や二重窓にしたりする。「吸音」は音を吸収することで，厚手のカーテンやカーペットを使ったり，壁・床・天井に吸音材を使用したりする。遮音は重くて固い素材，吸音は柔らかく空気を含み多孔質の素材で効果を発揮する。またほかにも，家電やピアノの下に防振マットを引く，音源を壁から離すなどの工夫もある。これらは住宅の構造・設備・道具などのハード面による防音の工夫といえる。

一方,「住み方」によるソフト面の工夫もある。音を出す時間帯に配慮して早朝や深夜は音を控えるなど,居住者間でのルールづくりもその1つである。また,ある程度の生活騒音は発生すると認識し,居住者が互いの生活を理解し合うことも大切である。近隣の人々と日頃から挨拶をするなどコミュニケーションをとり人間関係が良好であれば,トラブルにまで至らないことが多い。

　音の強さの測定単位はデシベル（dB）で,騒音レベルは人間の聴覚に近いA特性を加味した dB（A）で表される。教室で音に関する様々な状況をつくり,騒音計で測定する活動を通して快適な音環境の工夫を考えさせたい。また,騒音は「A 家族・家庭生活」の（3）「家族や地域の人々との関わり」とも関連する。生活が地域の人々との関わりのなかで成り立っていることに気づかせる好事例であり,それを通して生活音の発生に配慮する必要性に気づかせたい。

（5）季節の変化に合わせた生活の大切さ

　日本の風土特性を地球規模で捉えると,1年を通して気候は穏やかだが雨風が多く,夏季は蒸し暑いという特徴がある。また,四季が明快で自然が美しく植物や木材が豊富なため,自然と共存する暮らしを営んできた。こうしたなかで生まれたのが伝統的な和風木造住宅である。雨仕舞を配慮した三角屋根,通風を重視した開口部が多い開放的なつくり,自然との一体感を大切にした簡素な住宅が基本形で,季節の変化に合わせて自然を上手に利用した住まい方を築き上げてきた（図Ⅱ-6-2）。それは現代の住まいにも生かせることが多い。

　暑さ・寒さの対処の方法のひとつに日照のコントロールがある。南西の窓の外に落葉樹を植えると夏は強い日差しを遮り,冬は落葉して暖かさを取り込むことができる。すだれやよしずは遮蔽効果とともに視覚的にも涼感を与えるが,金魚鉢,麻製のれん,籐製むしろなどは五感に訴えるインテリアアクセサリーである。

　また日本では,季節の音を心地よく受容する文化がある。風鈴の心地よい音色,小川のせせらぎ,鳥のさえずり,虫の声,雨の音,花火の音,祭囃子の音…など,自然や生き物,風物詩に伴う様々な音がある。だが,音を季節の象徴として敏感に受け取り,そこに情緒を感じる文化は失われつつある。

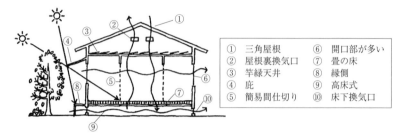

図Ⅱ-6-2　和風木造住宅のしくみ
出典：実教出版（2017）181頁をもとに筆者作成。

　授業では，昔と今の住まい方を健康・快適・環境共生などの視点から比べる活動や，季節を感じる音について話し合う活動ができる。伝統的な和風住宅や住まい方の特徴を知り，現代や次世代に継承し生かせることを考えさせたい。

4　住まいの整理・整頓と清掃

（1）住まいの整理・整頓の仕方

　整理・整頓は，物をある基準で分類し（不用な物を抽出する），使いやすいように考えてきれいに整える（配置する）ことである。この行為は住まいの維持管理の1つであり，日用品や衣料品などの生活財を把握して管理し，使用しやすい状態に維持することが目的である。

　整理をする際に，物を「使うもの」と「使わないもの」に分ける。使うものは，誰が（使用者），何のために（使用目的），どこで（使用場所），いつ・どのくらいの頻度で使うのか（毎日使う・時々使う・あまり使わないなど），という観点で分類できる。また物の大きさや形などを把握しておくことも必要である。整頓では，こうした物の特性に着目しながら使いやすさの観点で物を配置し収納していくが，見た目に美しく整えることも大事な要素の一つである。

　整理・整頓されておらず物が散乱した状態ではどんな困りごとが生じるだろうか。整理・整頓の必要性は日常経験から想像しやすい。何がどこにあるか明快で必要な物がすぐに取り出せ，物の取り入れのための時間が短縮されると

いった生活のしやすさのほか，家庭内事故の防止，住まいの清潔・美しさの保持，心が落ち着き気持ちよく過ごせるという精神衛生上の効果などが期待できる。

「使わないもの」に分類した不用品は，ほかの用途に使ったり誰かに譲ったりして再利用できるかを見極め，できない場合はごみとして処分する。ごみは，可燃，不燃，資源，粗大，危険など適切に分別して出す必要がある。一方，日本のごみの量は世界的にみても多く，埋め立て地の不足，埋め立てや焼却に伴って発生する有害物質が地球環境や人間に与える影響，処理のコストなど深刻な問題を抱えている。3R（リデュース・リユース・リサイクル）などのごみを減らす方法の実施とともに，私たちの暮らし方も問い直さなければならない。

授業では，児童の身の回りの物，たとえば学習用具，本や雑誌，衣類等が取り上げやすい。学校の机の引出しや散らかっている場所の様子（写真やイラストなど）から気づいたことや生活経験を伝え合うなかで，整理・整頓の必要性を考えられる。また，身の回りの物の整理・整頓の計画を立てて実施し，友達との意見交流などの活動から整理・整頓の仕方がわかる。そして家庭での実施計画を立て具体的に実践する活動につなげることが重要である。

（2）住まいの清掃の仕方

清掃の意義は，快適で健康的な室内環境の維持と，住まいの耐久性を保ち安全に暮らす環境を整えることにある。まず，掃除がいき届いた美しい空間は居心地がよくなる。そして，ホコリに含まれるダニの死骸や糞，カビ，細菌，花粉はアレルギー症状の原因でもあり，健康を害さないためにも清掃は大切である。一方，住宅への影響には汚れによる建物や設備の機能低下がある。住宅の各部の点検は損傷の早期発見と早期修繕につながるため，「快適」「健康」「耐久」「安全」の4観点から清掃の必要性を考えたい。

汚れの原因や種類，生じる場所を把握し，汚れに合った道具・洗剤・方法で清掃する必要がある。汚れの原因としては以下に大別される。

① 人間の身体から（アカ，毛，外部からもち込むホコリや泥など）
② 生活行為から（調理の油汚れや焦げ，水回り空間の水アカやカビなど）

第Ⅱ部　家庭科教育の授業づくり

表Ⅱ-6-2　汚れに合った掃除の方法

	汚れの種類	汚れの落とし方	掃除用具
軽くのっているホコリやゴミ	・綿埃 ・砂埃 ・食べ物のカス ・糸クズ	・吸い取る ・掃く ・からぶき ・水ぶき ・くっつけて取る	・掃除機 ・ほうき ・モップ ・ぞうきん ・粘着ローラー
表面についた汚れ	・手アカ ・泥汚れ ・落書き 　（油性ペン，墨，クレヨンなど） ※　時間が経っていないもの	・水ぶき ・洗剤を使って拭く ・かき取る ・こする	・ぞうきん ・洗剤 ・スポンジ ・へら
染み込んだひどい汚れ	・便器に黄色くこびりついた汚れ ・水アカ ・石けんカス ・落書き 　（油性ペン，墨，クレヨンなど） ※　時間が経ったもの	・強力洗剤や漂白剤を使う ・クレンザーでこすり落とす	・ブラシ ・たわし ・スポンジ ・ぞうきん ・耐水ペーパー ・強力洗剤

出典：ダスキン「ダスキン教育支援カリキュラム」。

③　自然から（大気中の浮遊粉塵，細菌類など）

　また，汚れの種類としては，①　浮遊しているホコリ，②　軽くのっているホコリ，③　表面に付着した汚れ，④　しみ込んだひどい汚れなどがある。

　この（汚れの）種類と内装材・家具の材質に合った道具や洗剤を使用して清掃することが好ましい（表Ⅱ-6-2）。

　授業では，学校や家庭での体験を振り返り，「なぜ汚れるのか」「何のために清掃するのか」といった汚れの原因や清掃の必要性を考える。床や窓など児童がよく使う場所の汚れの種類，汚れ方や状況に応じた掃除の仕方を理解し実践に取り組む。学校の中の様々な場所のごみや汚れを採取し観察するなどの活動，汚れ方や場所に応じた掃除の仕方を家庭でのインタビューや本・インターネットで調べる活動，洗剤や用具を使って汚れの落ち方を比較する活動，学校や家庭での掃除の計画を立てて実践し報告し合う活動，などがある。

　整理・整頓や清掃は，同領域の「換気」や，Ａの「(2)　家庭生活と仕事」，Ｃの「(2)　環境に配慮した生活」，また中学校の住生活領域の「家庭内事故の防

第6章 住生活——「快適な住まい方」の学習

止」にも関わるため,相互に関連づけた題材の工夫ができる。

5 これからの住まい方を考える

(1) 健康・環境に配慮した住まい方

　季節の変化に合わせて自然を活用し快適に過ごすための工夫を考えることは,人間の健康そして地球環境の面から重要な課題である。人工環境は利便性や効率性を優先するなかで急速に普及し,私たちの生活においても依存度が高まっている。しかし,依存しすぎると人間が本来もつ健康維持や環境適応能力が生かされない。また,冷暖房をはじめとする家庭での電気やガスなどの使用は二酸化炭素の排出量を増やし,地球温暖化の原因にもなる。生命と健康を守るために必要な人工環境は整いつつも,環境に負荷を与えない生活が重要であることを,住生活の学びから気づかせたい。

(2) 生活文化を創造する住まい方

　生活文化は,長い年月を経て創造され伝承された知恵や技術の結晶であり,自然豊かな日本ではそれと共生する暮らし方を築き上げた。持続可能な循環型社会を目指す視点からも受け継ぐべきものが多い。また,各地域において独自の発展を遂げるため,地域固有の住まいや暮らし方がある。画一的で均質化した暮らしの中で喪失した,季節や地域の特徴を生かした彩りある生活や地域の人々と関わる暮らし方の大切さも気づかせたい。生活文化は継承だけではなく創造するものであり,新しい住文化を担うのは子どもたち自身だからである。

(3) 人間らしい住まいとは

　私たちの誰もが「健康で文化的な生活」を営む権利があることは憲法25条で周知の通りだが,住まいはその基本的条件である。そして日本を含む世界各国は「適切な住まいに住むことは基本的人権」との認識を共有している。
　小学校家庭科で住まいの働きや健康で安全で快適な住まいを学ぶなかで,人

間らしい住まいが必要との意識は自ずと育まれる。子どもたちがその考えをもって中・高の家庭科でさらに学習を深めることで，一人ひとりの住意識は高まり，より豊かな住まいや住環境をつくる担い手になる。小学校家庭科はその土台づくりである。私たちは長期的視野で住生活学習の意義を捉えておきたい。

引用・参考文献
国立青少年教育振興機構（2014）『青少年の体験活動等に関する実態調査』。
国立教育政策研究所（2015）『小学校学習指導要領実施状況調査（H25年）』。
ダスキン「ダスキン教育支援カリキュラム」。
東京大学社会科学研究所・ベネッセ教育総合研究所（2016）『子どもの生活と学びに関する親子調査2015』。
宮本みち子他（2017）『新家庭総合――パートナーシップでつくる未来』実教出版，181頁。
文部科学省（2017）『小学校学習指導要領 解説 家庭編』。

学習の課題

(1) 現代の子どもの住生活の実態を調べて学習課題を見出し，どんな題材を設定すれば魅力的で効果的な授業になるかを話し合い，まとめましょう。
(2) 室内環境の4つ（熱・空気・光・音）の側面から，快適な状態と不快な状態を整理し，具体的な改善案を思いつくだけあげてみましょう。
(3) 住まいの整理・整頓または清掃の仕方について，指導計画を立てて学習指導案を作成し，模擬授業で実践してみましょう。

【さらに学びたい人のための図書】
岸本幸臣他（2011）『図解住居学1 住まいと生活（第2版）』彰国社。
　　⇨生活者の視点から住居のあり方が図解で示され，住居学の初学者向けである。
今村仁美・田中美都（2009）『図説 やさしい建築環境』学芸出版社。
　　⇨建築環境工学の各分野の基本がイラストを多用しやさしく解説されている。

（宮﨑陽子）

第7章 消費生活・環境の学習

この章で学ぶこと

グローバル化や情報化の進展に伴い、私たちの生活はより便利で快適となったが、地球規模での環境問題や、国内外の貧困の深刻化、特殊詐欺等の悪質な商法の巧妙化など、多くの課題が山積している。子どもをめぐる消費生活についても、子どもの好奇心と欲求や、携帯端末等の急速な普及によるトラブルが急増しており、低年齢からの消費者教育や倫理的消費等の学びがますます重要となっている。以上を踏まえ、本章では、消費生活の実態と課題、子どもたちにつけたい能力、小学校での学習内容、学習指導のための基礎知識、消費者市民社会を目指した取り組みの5項目について論じる。

1 消費生活・環境の学習とは

(1) 近年の消費生活の実態と課題

グローバル化の急速な進展と情報通信技術（ICT）の発展と普及が著しい近年、消費者問題の多様化とともに様々な情報通信関係の消費者トラブルが生じている。この要因のひとつは、個人使用のスマートフォンやタブレット型端末の普及が進み、インターネット上で流通する情報量が著しく増加したことである。

近年成長が著しい分野として、SNSやパーソナルデータを活用したサービスがある。利便性が増す一方、SNSでの対人関係のもめごとや個人データの利用・漏えい等の弊害が生じ、消費者トラブルにあうケースも増えている。

私たちが商品・サービスを購入・利用する際の決済手段についても、情報通信技術や機器の発達とともに多様化が進み、現金での支払いやクレジットカード決済に加え、多種類の電子マネー等での支払いも定着しつつある。また、イ

ンターネット上での取引における決済手段も電子化が進み，店や金融機関に赴く必要がなくなるなど便利になった。その一方で，インターネット取引の普及や決済手段の電子化が，様々な消費者被害の発生に深く関わってくるケースも出てきている。

　インターネットに関わるトラブルの要因として，中高年層においては操作等ハード面の情報リテラシーの不十分さ，若年層においては情報モラル等ソフト面での情報リテラシーの欠如があげられる。あらゆる世代の消費者への適切な情報リテラシーの浸透は喫緊の課題である。また，あらゆる消費者問題の未然防止や解決のためには，小中学校や高等学校の家庭科関連の授業で学ぶ生活に必要な基礎的な知識や技能と，個々の生活経験を関連づけて応用できる生活実践力を培うことが大切である。

（2）子どもの消費トラブルの実態と課題

　子どもの生活にも，高度情報化の影響がみられる。インターネットによる情報通信サービスの普及に伴い，スマートフォンやタブレット等を利用する子どもは増え，その利用者は低年層にまで広がっているため，無差別的な勧誘や販売に18歳未満の子どもが巻き込まれる機会が増えている。また，子どもの好奇心や欲求が，消費者トラブルをもたらすケースもある。子どもの消費者トラブルについて，消費者庁（2014）が実態をもとに作成した事例を次に紹介する。

---

(1) 無差別的にトラブルに巻き込まれる：意思も自覚もないまま，無差別的な勧誘や販売手口に，大人と同じように巻き込まれる。
(2) 親に無断で契約する：子どもの欲求や好奇心の強さに伴い，親の承諾が得られにくい商品・サービスの購入の際，親に無断で契約が行われる。
(3) 子ども相手の安直な販売や勧誘に乗ってしまう：知識や経験の乏しい子ども相手に，販売業者が安易に不適切な販売方法を行う。
(4) 積極的な好奇心や欲求がトラブルを助長する：子どもの好奇心や欲求は積極的で，①成人向けの情報や異性とのコミュニケーションへの関心（アダルト情報や出会い系サイトの利用など），②変身することへの願望（痩身や脱毛等の美容サービスの利用など），③収入獲得への欲求（内職やアルバイトなど）などがある。

> (5) 情報リテラシーの欠如がトラブルに発展する：子どもは大人以上にインターネット利用率が高く，スマートフォンやゲーム機等で様々なサイトにアクセスする頻度が多い。そのため，SNS使用による人間関係トラブルや，モバイルデータ通信利用の際にデータ容量の上限超過に気づかず追加データ容量を購入してしまう等のオンラインゲームに関わる問題など様々なトラブルに巻き込まれやすい。

　幼児や小学生については，保護者の責任において，物やサービスの購入や消費者トラブルへの対処を行うことが望ましい。しかし，小学校高学年になる頃から，子ども自身による物やサービスを選択する権利と意思の相互作用が生じることから，発達段階に応じ，生活を営むうえで必要な基礎力（家庭科で学ぶ基礎的な知識や技能）や，技術やモラル等の情報リテラシーを身につけるべきである。そして，ライフステージを進んでいくなかで，これらを自分の生活経験を関連づけて応用できる生活実践力を培っていくことが大切である。

（3）人・社会・環境に配慮した消費行動

　最近，人・社会・環境に配慮した「エシカル消費（倫理的消費）」への関心が高まっている。世界的にもこのような動きが始まっており，2015年9月の国連総会で採択された持続可能な開発目標（SDGs）には，達成すべき17の分野別の目標として，貧困や飢餓，エネルギー，気候変動，平和的社会などと併せて，重要な要素として持続可能な消費に向けた取り組みが盛り込まれている。

　日本では，2012年から消費者教育推進法を施行し，自らの消費行動が現在から将来の世代にわたり社会情勢や地球環境に影響があることを自覚し，持続可能な社会の構築に積極的に参画する消費者市民社会を目指すようになった。

　また，近年，環境問題の解決や，被災地の復興，開発途上国の労働者の生活改善等を考えて，社会的課題に配慮した商品・サービスを選択して消費しようという意識が高まっている。こうした状況を背景に，2015年に消費者基本計画が閣議決定し，「環境等に配慮した商品・サービスの選択を可能とする環境の整備や食品やエネルギーのロスの削減などの社会的課題に配慮した消費を促進すること」を目指して，「地域の活性化や雇用なども含む，人や社会・環境に

配慮した消費行動」と定義したエシカル消費を薦めている。具体的な行動として，障害者支援につながる商品，フェアトレード商品や寄付つき商品，エコ・リサイクル・資源保護等の認証がある商品，地産地消や被災地産品等の消費がある。

2　子どもたちにつけたい能力

(1) 学習指導要領における消費生活・環境

　新学習要領の「消費生活・環境」の内容は，「物や金銭の使い方と買物」と「環境に配慮した生活」の項目で構成されており，生活に必要な知識及び技能を身につけること，課題を解決する力を養うこと，そして身近な消費生活と環境をよりよくしようと工夫する実践的な態度を育成することをねらいとしている。

(1) 物や金銭の使い方と買物

> (ア) 買物の仕組みや消費者の役割が分かり，物や金銭の大切さと計画的な使い方について理解すること

　買物の仕組みでは，日常やっている買い物が売買契約であり，契約には権利と義務が生じることや，契約の破棄はそう簡単にはできないことを理解することが求められている。契約の基礎的なことは4節の（1）で詳しく述べる。

　消費者の役割は，買う前に本当に必要かどうかをよく考えることや，買った後に十分に活用して最後まで使い切ることを理解することが求められている。たとえば，買い物において，環境などに与える影響を考慮した行動（マイバッグ持参など），消費者としての大切な役割であることに気づかせたい。また，買物に関するトラブルがあった場合は，家族や先生などの大人に相談したり，消費生活センター等の相談機関を利用する必要があることを認知させたい。

> (イ) 身近な物の選び方，買い方を理解し，購入するために必要な情報の収集・整理が適切にできること

子どもたちが，身近な物の選び方や買い方を理解すること，目的に合った品質のよい物を選んで購入するために必要な情報の収集・整理が適切にできることが求められている。身近な物の選び方については，児童が使う身近な物について取り上げ，値段や分量，品質などを選ぶ際の観点に気づかせたい。また，目的に合った品質のよい物を選ぶためには，食品等に付けられた日付などの簡単な表示やマークなどを確認する必要があること，さらに，持続可能な社会の構築の視点から，資源の有効利用など環境への配慮を考えて選ぶことも大切であることを理解させたい。

購入するために必要な情報の収集・整理については，目的に合った品質のよい物を無駄なく購入するために，店の人から話を聞いたり，広告などを活用したりして情報を集め，値段や分量，品質など様々な視点から情報を整理することができることが求められている。指導にあたっては，身近な物を実際に購入する場面を想定し，具体的に考えることができるよう配慮したい。たとえば，調理実習や製作に使う材料や用具を購入する場面を想定し，必要な情報を収集・整理し，選んだ理由や買い方について意見を交換し合う学習などが考えられる。

(2) 環境に配慮した生活

> ア　自分の生活と身近な環境との関わりや環境に配慮した物の使い方などについて理解すること

ここでは，自分の生活と身近な環境との関わりについて気づき，環境に配慮した消費行動の大切さについて理解することが求められている。まず自分の生活を見直すことにより，身近な環境から影響を受けたり，逆に影響を与えていることを知り，次に環境に負荷をかけない消費行動とは何かを理解し，自分のできる行動について思い至らせたい。たとえば，物を長く大切に使う，無駄なく使い切る，使い終えた物を再利用するなど，工夫した使い方をすることである。

> イ　環境に配慮した生活について物の使い方などを考え，工夫すること

ここでは，(1)で身につけた基礎的・基本的な知識を活用し，持続可能な社会の構築などの視点から，自分の生活と身近な環境との関わりおよび物の使い方などを考え，工夫することが求められている。まず，自分の生活を見直すことにより，物の使い方などについて問題を見出し，課題を設定する。次に，課題を解決するために，自分が考えたことをもとにグループで話し合い，検討を行う。その際，既習事項と個々の生活経験とを関連づけて考え，適切な解決方法を選び，実践に向けて具体的に実行可能な計画を立てさせる。また，きちんと実践の振り返りを行い，反省や評価をもとに改善すべき点などを考えさせたい。

(2) 生活実践につながる能力・態度
(1) 消費生活管理能力

家庭科教育における消費生活管理能力とは，人間がよりよい生活を営むうえで必要な意思決定力であり，たとえば，収支バランスを考えて金銭の管理ができる力，物の品質を見抜く力，数ある欲求のなかから優先順位を決める判断力，将来を見据えて計画的に準備する力などが考えられる。また，インターネットの利用が拡大し，トラブルが多いなか，情報リテラシーや情報モラルなど，情報をうまく活用する力も必要である。

物質的に豊かな社会となった日本では，お金さえあれば様々な方法で欲しいものがすぐに手に入るようになった。メディアによる通信販売広告は多く，インターネットでの買い物も簡単にできるようになった。そんなときに，収支バランスを考えて金銭の管理ができる力，物の品質を見抜く力，数ある欲求のなかから優先順位を決める判断力はとても役に立つと思われる。

たとえば，各種カードや電子マネーでの買い物やインターネット決済が多くなるなど，キャッシュレス化が進む現在，お金が無くなっていくという実感が得られにくいことから，金銭管理の意識が低くなりがちである。このようななか，収支バランスを考えての金銭の管理ができる力の育成は重要課題である。

また，一方では，リーマンショックを境に，倒産やリストラが社会問題となり，非正規雇用といった働き方が公認され，高度経済成長期からの慣行であっ

た終身雇用が能力主義になるなど，社会変化が著しい。このようななか，キャリア形成につながる，将来を見据えて計画・実行する力の育成は必要不可欠といえる。

(2) 社会的価値行動ができる消費者市民

消費者は，消費を個人の欲求を満たすものとのみ捉えず，社会・経済・環境などに与える影響を考えて商品・サービスを選ぶなど，公正で持続可能な発展に貢献するような消費行動をとることが求められている。授業を通じて，消費がもつ影響力を理解させ，5R（Refuse, Reuse, Reduse, Repair, Recycle がある。一部後述していく）など持続可能な消費を実践し，主体的に社会参画・協働することができる消費者市民意識を育むことは重要と考える。

3 小学校での学習内容

（1）物や金銭の使い方

(1) 収入と支出

家庭における経済活動を「家計」という。家庭生活を維持していくためには，収入（働いて得たお金）と支出（生活のために使うお金）のバランスがとれるよう，計画を立ててやりくりすることが大切である。また，将来に備えて収入から支出を引いた額の中から少しずつ貯めていくことも必要である。この家計に欠かせない「収入と支出」の内訳については，以下に示した通りである。

(1)収入：家庭に入ってくるお金が収入である。主な収入は所得であり，勤労所得（企業等で働いて得た給料など），事業所得（会社や商店を経営して得た収入など），財産所得（アパートや土地などを売ったり貸したりしたときに得た収入など）の3種類となっている。

(2)支出：家庭から出て行くお金を支出という。支出には，大きく分けて，消費支出と非消費支出がある。消費支出は物やサービスの提供を受けて代金を支払うことで，非消費支出は物を買わないが，税金や社会保険料を納めることや貯蓄することである。

- 消費支出…食料費，光熱費，通信費，教育費，医療費，交通費，娯楽費など
- 非消費支出…税金，社会保険料（医療保険，年金保険，介護保険等）など

(2) 身近な物の選び方，買い方

① 品質の良い物の選び方と購入以外の方法の検討

　目的に合った品質の良い物の選び方として，食品等に付けられた日付や期限などの簡単な表示やマーク，広告などの購入に必要な情報を調べたり，店の人から話を聞いたりするなど，情報を収集し整理して，用途をはじめ，値段，分量，品質など多様な観点から比較し検討することがあげられる。

　また，持続可能な社会の構築の視点から資源の有効利用を考え，目的に合った品質の良い物を得る手段として，自分でつくるあるいはつくりかえること（Remake）や，まだ十分着られるが子どもが成長し着る人がいない子供服など，譲りたいところから譲ってもらうこと（Reuse）もあり得る。

　上記以外に購入以外の方法で物を得る方法としては，カード等のポイントの利用があげられる。買い物額に応じたポイントがデータとして記録されていくカードは，蓄積されたポイントを使って買い物などに使うことができる。

　安易に購入することが常になりつつある現代，本当に必要か，家にある物で事足りるのではないかなど，一呼吸おいてよく検討することが大切である。

② 買い物の手順

　(1)買い物の目的を明確にする：物やサービスを購入する理由を明確にする。
　(2)計画を立てる：物やサービスの具体的なかたちや様子，予算，時期，場所などについて決める。→買う物やサービスについての情報を得る。
　(3)選ぶ：目的や好み，予算，品質（汚れ，破損，性能），表示およびマーク（食品の期限，何が入っているか，何でできているか，アレルギーに関する記載があるか，安全か，環境に優しいかなど）をよく見て確かめる。
　(4)代金を支払って物を受け取る：売買契約が成立する。
　(5)使用する：買い物の振り返りを行い，使い方を確認して使用する。

③ 表示・マークから得られる情報

　食品にはいろいろな表示やマークが付いていて，これらを利用すれば様々な

情報が得られる。たとえば、アレルギーに関する情報など、健康に関わる情報がある。また、品質の劣化が早い食品には「消費期限」、比較的長持ちする食品には「賞味期限」などが表示（表Ⅱ-7-1）されており、買い物の際にはいつごろ食べるかを考えて選ぶことができる。

④ 必要優先度や環境を考慮した選び方・買い方

　日本では年間1700万トンの食品廃棄物が出されており、この3分の1が食べられる食品であると試算され、食べられるのに捨てられてしまう食品（食品ロス）が問題となっている。消費期限・賞味期限が過ぎた（期限までに食べきれない）ことが主な理由である。安全で健康的な食生活や、地球環境、家計に優しい買い物のためにも、「買い過ぎない」「使いきる」「食べきる」を実践したい。

　ほかにも、購入したが使わないで捨ててしまう物がないだろうか。事業者は

表Ⅱ-7-1　表示とマーク

表示と意味
食品 賞味期限：この年月日まで、品質が変わらずにおいしく食べることができる期限 消費期限：この年月日まで、安全に食べることができる期限 アレルギー表示：特定の食品アレルギーの健康危害防止のため その他、栄養成分表、原材料、保存方法、製造者など
衣料 サイズ、組成表示（繊維とその割合）、取り扱い絵表示（手入れの仕方）、原産国、製造者に関する情報など（第5章参照）
いろいろなマークの種類（※ ついている物）
環境関係 エコマーク（環境保全認定）※認定品／材料識別マーク（リサイクルマーク）　ペットボトル　プラスチック　紙　スチール　アルミ　※お菓子の袋や飲み物のペットボトルや缶等の容器包装物
規格に合格 JASマーク（日本農林規格）※ヨーグルトや飲み物などの食品／トクホマーク（特定保健用食品）／JISマーク（日本工業規格）／SGマーク（製品安全）※文房具や自転車などの工業製品

出典：開隆堂（2015）『私たちの家庭科 学習指導書』をもとに筆者作成。

膨大な広告を流し消費者の欲求を刺激し、所持金以上に購入ができるように販売路の多様化を図り、消費者の購買意欲を掻き立てる。この戦略に乗じ購入が繰り返されると、物が増え廃棄物も増える。これは地球環境にも家計にも優しい買い物とはいえない。「買い過ぎない」「長く大切に使う」ことを実践したい。

現在、環境のことを優先に考え、Reduce（ごみや資源の使用量を減らす）やReuse（再利用する、繰り返し使う）を心掛け、Recycle（再資源化）に協力し、環境によい商品やサービスを購入することが、消費者に求められている。

4　学習指導のための基礎知識

（1）契約について

契約とは、法律で保護するに値する「約束」である。売買契約の際、口約束でも、契約書がなくても、お互いの合意があれば契約は成立する。

一旦契約したら、本来はどちらかの一方的な都合で契約をやめることはできないが、民法（未成年者契約、詐欺等）や特定商取引法（クーリング・オフ等）、消費者契約法の適用が認められる場合は解除・取消・無効となる可能性がある。

（2）消費者の権利と責任

消費者が、安心して健康で文化的な消費生活を送るためには消費者の権利を確保することが大切である。表Ⅱ-7-2は、1962年にアメリカの故ケネディ大統領が提唱した4つの権利、1975年にアメリカの故フォード大統領が追加した

表Ⅱ-7-2　消費者の8つの権利と5つの責任

8つの権利		5つの責任
1．安全である権利	2．情報を与えられる権利	1．批判的意識をもつ責任
3．選択する権利	4．意見が反映される権利	2．主張し行動する責任
5．補償を受ける権利	6．消費者教育を受ける権利	3．社会的関心も持つ責任
7．生活の基本的に必要なものが保証される権利		4．環境への自覚
8．健全な環境の中で働き生活する権利		5．連帯する責任

出典：中間・多々納（2010）をもとに筆者改変。

表Ⅱ-7-3　最近の悪質な商法

悪質な商法	販売の手口
点検商法	点検と称して家庭を訪問し，「床下の湿気がひどい」「布団にダニがいる」などと不安をあおり，床下除湿剤・換気扇・寝具・浄水器及びそれらの設置・修繕工事などの契約をさせる。
不当・架空請求	アダルト情報や出会い系サイトなどの利用料金と称して，消費者に電話，電子メールやハガキなどで法的根拠のない支払請求をしてくる。
SF（催眠）商法	安売りや講習会名目で会場に誘い，雰囲気を盛り上げて日常品を無料で配り，消費者が合理的な判断ができない状態の中，布団等の高額商品を売りつける。
アポイントメントセールス	「あなたは選ばれた」「商品を取りに来て」などと言って，営業所や喫茶店に誘い出し，会員権，アクセサリー，パソコン，絵画などを売りつける。
キャッチセールス	路上や駅前で，アンケートの協力を求めるふりをして呼び止め，営業所や喫茶店に連れ込んで，化粧品やエステティック，映画鑑賞券などを売りつける。
デート（恋人）商法	出会い系サイトや電話，メールを利用して出会いの機会をつくり，デートを装って契約させる。恋愛感情を利用してアクセサリー，毛皮，和服等を売りつける。
送りつけ商法（ネガティブオプション）	申し込んでもいない商品（書籍・写真集・ビデオソフト等）を勝手に送りつけ，代金を請求する。代金引換郵便や，着払いの宅配便を悪用することもある。
原野商法	「将来確実に値上がりする」と偽り，ほとんど価値のない原野などを時価よりもはるかに高く売りつける。最近は転売話でつる二次被害も。
かたり商法	消防署職員や水道局の職員，電話会社社員のように見せかけた服装や言動で，消火器，浄水器，電話機を売りつける。
霊感（開運）商法	「先祖のたたりで不幸になる」「購入すれば不幸から免れる」などと人の不幸や不安につけ込み，数珠や印鑑を高価な値段で売りつける。

出典：東村山市「暮らしの情報一覧」をもとに筆者作成。

消費者教育を受ける権利と，1982年に国際消費者機構がこれまでの権利に追加しさらに責任を加えた「8つの権利と5つの責任」を示したものである。

（3）消費者問題

最近の消費者問題で大きな事故になったものとして，外食や中食によるO-157への感染，食品への異物混入や表示の偽装，スマートフォンのバッテリーの過熱・焼損事故がある。また，事故や犯罪に巻き込まれる恐れのあるSNSの利用に関する問題，多額請求に驚くオンラインゲームやアプリの使い方に関する問題，振り込め詐欺や架空請求など，身近なところで「消費者問題」が数多く横行している。

表Ⅱ-7-3に，消費者が知っておきたい「悪質な商法」について示す。

（4）情報技術（ICT）の発展と売買方法

現金払いでの購入以外は，カードや電子マネー，振り込み，コンビニエンスストアでの支払いなど様々である。表Ⅱ-7-4にその代表的な例を5つほどあげる。これ以外で今後利用が多くなると見込まれる方法として，電子収納サービス（インターネットバンキング，モバイルバンキング，ATMを通じての支払い）がある。

表Ⅱ-7-4　現在活用されている購入方法の種類

種類	使い方
現金（即時払）	・小銭や札で直接的に支払いをする
プリペイドカード（前払）	・事前にカードを購入。利用し支払った分だけ残額が減る
クレジットカード（後払）	・カードを提示しサイン等して支払いができる ・利用代金は後日に預金口座から引き落とされる
デビットカード（即時払）	・買い物などの際にカードを提示し暗証番号を入力することで，利用代金が口座から即時に引き落とされる
電子マネー（前払・後払）	・金銭的価値をもつ電子的なデータで買い物，交通機関利用の際にカード等を提示して決済ができる（プリペイド型とポストペイ型がある）
振り込み，コンビニ決済（前払・後払）	・購入先からの振込用紙で金融機関やATM，コンビニで支払う ・購入先から送られた払込番号を提示してコンビニで支払う

出典：筆者作成。

第7章 消費生活・環境の学習

5　消費者市民社会を目指した取り組み

（1）環境に配慮した生活

　自らの買い物などの行動が，経済だけでなく，社会や環境にも影響を与えることを自覚して，意識的に行動したい。次に示した消費と環境に関わるキーワードをもとに，具体的にどう行動するべきなのか考えてほしい。

- フェアトレード：開発途上国からの原料や製品を適正な価格で継続的に購入することで，立場の弱い生産者や労働者の生活改善と自立を目指す貿易のしくみ。「国際フェアトレード認証ラベル（図Ⅱ-7-1）」は，その原料の栽培から完成品となるまでの全過程で，「国際フェアトレード基準」が守られていることを証明するラベルである。このラベルが付いている商品を選ぶという行動が，開発途上国の子どもの教育の支えになる。

図Ⅱ-7-1

- グリーンコンシューマー：環境のことを優先に考え，Refuse（不要な物は買わない，過剰包装は断る），Reduce（廃棄物と資源使用の抑制），Reuse（再使用），Repair（修理しながら長く使う），Remake（つくり直す），Rental（貸し借りする）を心掛け，Recycle（再資源化）に協力し，環境によい商品やサービスを購入する消費者のことである。環境への負担を減らす取り組みを行う生産者やメーカー，販売企業の提供する商品やサービスを選択する。その考えが社会に浸透すれば，環境に配慮した商品が増加し，環境保全に役立つ。

- 食品ロス：日本国内で売れ残りや食べ残しなど，本来食べられたはずなのに廃棄される食品（食品ロス）の約半数は家庭から発生しており，食材を「買いすぎない」「使い切る」「食べきる」等の工夫が求められる。小さな心がけが，食品ロスの大きな削減につながる。最近はNPOなどにより安全に食べられるにも関わらず処分されてしまう食品を企業や個人から寄贈を受け，生活困窮者などの支援を必要とする人に配布するフードバンク事業も行われている。

- 地産地消：私たち消費者の身近なところで生産されたものを選んで食べる（購入する）こと。輸入食品の安全性が問題になっているなかで、食料自給率を高め、しかも生産者が近くにいるという安心感がある。フードマイレージに着目すると、生産物の移動距離が短ければ、輸送コストがかからず、CO_2 排出量も減少でき、環境保全につながる。また、地域の食文化の継承や、産業や経済の活性化につながり、生産者が地域のためによい物をつくる意識も高まると思われる。
- エシカル消費：エシカル消費とは、「環境への配慮」「社会への配慮」「地域への配慮」の3つに集約できる。たとえば、環境に配慮したエシカル消費とは、環境を思いやって消費するということである。社会へ配慮したエシカル消費としては、途上国などで児童労働などの社会問題や環境問題を引き起こすことなく生産された服を購入するエシカルファッションなどがある。地域へ配慮したエシカル消費としては、地産地消や応援消費があり、2011年東日本大震災以降、応援消費が活発になっている。

引用・参考文献
大竹美登利他編（2018）『小学校家庭科教育法』建帛社、116～128頁。
開隆堂（2015）『わたしたちの家庭科 学習指導書』123頁。
国民生活センター（2017）『子どもの消費者トラブル』ウェブサイト参照。
国民生活センター（2003）『子どもの消費者トラブルの現状と特徴報告書』。
静岡県（2014）『消費者市民社会』静岡県消費者教育ポータルサイト。
消費者庁（2014）「消費行動・意識と消費者問題の現状」『平成26年版消費者白書』。
中間美砂子・多々納道子編（2010）『小学校家庭科の指導』建帛社、198～199頁。
西村隆男（2013）『消費者教育の推進、消費者市民社会』平成25年版消費者白書。
日本弁護士連合会（2015）『Q&A 消費者教育推進法と消費者市民社会』4～5頁。
農林水産省（2015）『生鮮食品のかしこい選び方』ウェブサイト参照。
吉原崇恵編（2010）『子どもがいきる家庭科』開隆堂、204頁。
柳 昌子他編（2009）『家庭科の授業をつくる』学術図書出版社、202～208頁。

> **学習の課題**
> (1) フェアトレード商品を1つ選んで,その背景を調べてみよう。
> (2) 消費者市民社会とは何かを調べ,わかりやすいキャッチコピーを考えよう。
> (3) 行動ターゲティング広告が表示されない方法を見つけよう。

【さらに学びたい人のための図書】

伊藤和子(2016)『ファストファッションはなぜ安い?』コモンズ。
　　⇨ブランド商品やファスト商品がつくられる過程のことがわかりやすく書かれている。エシカルな生き方に目覚める一冊。

吉原崇恵編(2010)『子どもがいきる家庭科』開隆堂。
　　⇨小中学校の現職教員がとっておきの授業を披露していて,大学教員の解説もオリジナリティーが溢れている。使えて読める参考書。

御船美智子(2006)『消費者科学入門』光生館。
　　⇨消費者問題とは何か,歴史的な問題が現代の問題とつながっていることなど,多くの発見がある一冊。

(星野洋美)

第Ⅲ部
家庭科教育の指導の実際

第8章 食生活に関する授業実践

この章で学ぶこと

「食生活」の学習内容は，学習指導要領の各学年の内容，B 衣食住の生活に(1)食事の役割，(2)調理の基礎，(3)栄養を考えた食事の3項目で示されている。この章では項目(1)，(2)，(3)の順に授業の実践例を紹介する。

子どもの家庭での家事参加経験が減少しているなか，家庭科の学習で，食事の役割や食事の仕方を理解し，調理の基礎に関わる知識や技能を身につけたり，栄養を考えた食事を工夫したりできるようになることは重要である。それは自らの健康・安全で豊かな食生活を管理する力を高めるに止まらない。家庭での食事づくりに参加することは，家族とのふれあいや絆を深めることにもつながる。

1 食事の役割

食事は，健康を保ち，体の成長や活動のもとになるものである。また，一緒に食事をすることで，人と楽しく関わったり，和やかな気持ちになったりする。規則正しい食事が生活のリズムをつくったり，朝食をとることによって学習や活動のための体の準備ができるようになったりする。ここでは，朝食をとることの大切さについて理解し，課題をもって実生活に生かす授業を考えたい。

次頁以降に，食生活の指導における調理実習の実践を想定した家庭科学習指導事案を示す。

【授業例 5年生「朝食作り」の指導】

この題材では，朝食をとることの必要性の理解や朝食作りを取り上げ，内容「B (1)食事の役割」と「(3)栄養を考えた食事」を関わらせて指導する。養護教諭や栄養教諭とともに取り組むことも効果的である。

第8章 食生活に関する授業実践

家庭科学習指導案（第5学年）

〇〇年〇月〇日
〇〇小学校　第5学年〇組
第〇校時
児童数　〇〇名
場所　家庭科室
授業者　〇〇〇〇

1．題材名
　作ろうよ，朝ごはん！　―簡単な調理―（全6時間）
2．題材の目標
- 朝食作りに関心をもち，調理の計画を立てるなど生活に生かそうとしている
（主体的に取組む態度）
- 栄養素のバランスの整った朝食内容を考え，工夫している　　　（思考・判断）
- 食品を切ったりゆでたりして，スープ作りができる　　　　　　（技能）
- 朝食をとることの大切な理由を知り，食品を組み合わせてとる必要があることがわかる
（知識）
3．題材の指導計画（全6時間）
　〈第1次　朝食の役割を考えよう〉
　　第1時　朝食の役割を考え，朝食をとることの大切な理由を知る
　〈第2次　スープ朝食作りの計画を立てよう〉
　　第2時　朝食作りの条件を考え，栄養バランスの取りやすいスープ朝食について知る（本時）
　　第3時　スープ朝食作りの計画を立てる
　〈第3次　スープ朝食を作ろう〉
　　第4・5時　計画に沿って，スープ朝食作りをする
　〈第4次　家でも作ってみよう〉
　　第6時　家庭でのスープ作りを発表・交流する

4．題材について
　　夜型生活などによる児童の生活リズムの乱れは児童の健康状態のみならず，学力・体力面にも影響を及ぼすことが研究や教育実践から明らかになっている。文部科学省は，食育や「早寝早起き朝ごはん」運動を推進している。
　　午前中の心身の活動を活発にするためには，朝食を十分にとることが大切である。

また，3度の食事を決まった時間にとることは，生活リズム全体を整えることにもつながる。よく寝て，しっかり食べ，運動し，体をよい状態におくことで，児童は本来自身がもっている力を発揮することができる。家庭科は，給食の時間，体育科をはじめとする各教科，総合的な学習の時間等と連携し，学習指導要領に示された食育の推進を行う重要な教科である。

　ここでは，5年生の簡単な調理「ゆでる」の応用として「スープ朝食作り」を題材として取り上げることにした。2年間学ぶ家庭科学習の早い段階から，しっかり朝食をとろうという意識や，自分で調理できる力をつけていきたい。

　朝食のとり方の実態調査では，朝食をとらない児童はほとんどいなかった。しかし，朝食の内容，とくに栄養バランスには個人差が大きいことがわかった。この題材では，主食（主にエネルギーのもとになる食品＝黄色の食品）に，朝食に不足しがちな野菜（主に体の調子を整えるもとになる食品＝緑の食品）とたんぱく質が多く含まれる食品（主に体をつくるもとになる食品＝赤の食品）とを組み合わせて栄養バランスをとることを中心として学習し，調理の題材として「スープ」を取り上げることにした。

　野菜をゆで，ゆで汁をすてずに味付けすると野菜スープ（汁物）になる。簡単な作り方でありながら，中に入れる材料や味付けで様々に変化させることのできる料理でもある。すでに行った「材料を切る」「ゆでる」の繰り返し学習にもなる。煮てしまうので，切り方が多少不揃いでも目立たず，調理経験の少ない5年生でも失敗が少ない。家庭では，冷蔵庫にある残り物の食材も無駄なく活用でき，環境に配慮した食生活の実践にもなる。スープ作りに，だしのとり方とみそについての学習をつけ加えるとみそ汁の調理につなげることもできる。

　また，家庭科だよりなどで授業の様子を家庭に知らせ，児童が学校で学んだことを家庭で実践してみる際の協力を要請するなど，家庭との連携を深めていきたい。地元の「元気野菜」を材料に加えることにした。社会科の学習とも関連させ，地元の農業や食材にも目を向けさせていきたい（地産地消）。

5．展　開
　小題材名：スープ朝食作りの計画を立てよう
　① 本時のねらい
　・スープを使った朝食作りに関心をもち，計画を立てようとしている
　　　　　　　　　　　　　　　　　　　　　　　（主体的な態度）（思考・判断）
　・スープ朝食で食品の組合せ方がわかる　　　　　　　　　　　　　　（知識）

② 展 開

	主な学習活動	○指導上の留意点，◇評価
導入	・本時の学習について知る	○朝食作りの学習をすることを告げる
展開	どんな朝食をとっているのだろう ・朝食例を見て，気づいたことを発表し合う 　・どれにも主食や飲みものがある 　・栄養素が不足している食事がある 　・朝なので，簡単な食事が多い ・給食献立と比べてみる 習ったことを生かした朝食作りを考えよう ・朝食作りの条件を考える 　・手早く簡単にできる 　・食べやすい 　・飲み物がある 　・栄養のバランスが良い ・ゆでる調理の学習経験を生かして，栄養素のバランスが整えやすい料理を考える ・ゆでる調理を応用してスープができることを知る ・いろいろなスープの写真を見る ・簡単なスープ作りの示範を見る スープ朝食の材料を考えよう ・スープ作りの材料を考える ・グループ（2〜3人）で，スープに合った赤（1種類）と緑（2種類）の食品の材料を話し合う	○特徴的な朝食パターンを見せ考えさせる ○給食の材料を赤・黄・緑で色分けし，栄養素のバランスに注目させる ○朝の時間は忙しいことを告げる ○調理実習でゆでる調理を多く行ってきたことを振り返らせる ○スープ作りを提案する ○ゆで汁をこぼさずに味付けをするとスープになることを説明する ○手本をして意欲を高める ○学校で用意する材料を知らせる。実物例を用意する 　緑：地元の産直野菜 　赤：肉や魚の加工品や卵
まとめ	・ワークシートに選んだ材料と組み合わせた理由を記入する ・発表・交流する 家の人にアドバイスをもらってこよう ・材料選び・切り方などについて，家庭でアドバイスをもらってくる	◇食品を組み合わせて材料を記入できたか（主体的な態度）（思考・判断） ○家庭科通信などで保護者に協力をお願いする

2 調理の基礎

学習指導要領では加熱料理の技能として,「材料に適したゆで方,炒め方を理解し,適切にできること」があげられている。ここでは,野菜の調理を通して,ゆで方,炒め方についての理解を深めていきたい。

(1) ゆでる調理

5年生の調理のはじめには,加熱調理器具の安全な取り扱いについて理解し,適切に使用できるようにする。学校の施設設備によるが,加熱調理器具とは,ガスこんろまたはIHクッキングヒーター,電子レンジ等である。

最初に,加熱調理器具を使用してやかんで湯をわかし,緑茶を入れる実習を行うことが一般的である。さらに湯をわかす技能の発展として,ゆでる調理を扱うのは調理技能獲得の自然な流れといえる。

ゆでる調理は,多量の水を熱媒体として食品を加熱する。ゆで水の対流により熱が伝えられることで,食品は均一に加熱される。指導要領は,ゆでる材料として青菜やじゃがいもなどの題材を扱うように指定している。

青菜は,すぐ熱が通りやわらかくなる材料の代表である。多量の沸騰した湯に入れ根元のほうから高温でゆでる。ゆであがったら速やかに冷水に入れ,加熱の進行を止めるとともに鮮やかな緑色を残す。加熱することにより植物の細胞壁がこわれ,繊維もやわらかくなって消化しやすくなる。また,かさも減るので量も多く食べられる。

じゃがいもは,固く熱が通りにくい材料の代表である。固いものをゆでる場合は,食品の中心部まで温度が上がるのに時間がかかるので,その間の表面の煮崩れを防ぐため,水から入れて加熱する。加熱によってでんぷんが糊化し消化しやすくなる。

また,たんぱく質が熱により凝固することを教える教材としてゆでたまごの調理がある。たまごを水から鍋に入れ,沸騰してから取り出すまでの時間を変

え，たまごの黄身や白身がどのように変化していくかをみる。また，「鍋底から大きな泡（水蒸気）が出始める時点を沸騰」とおさえることも大切である。

（2）炒める調理

　炒める調理は熱した鍋やフライパンで少量の油を使い，かき混ぜながら，高温短時間で材料を加熱する調理法である。短時間で調理できるため，材料の成分の溶出が少なく，ビタミンの損失も少ない。とくに体内でビタミンAに変わるカロテンは脂溶性のため，油と一緒にとると吸収率がアップする。水を使う調理では加熱温度は100℃にとどまるが，油を使った場合は100℃以上に上げることができる。食材料に油がまわることにより風味が増す。油脂は細胞壁やホルモンをつくるのに欠かせないものであるが，とりすぎには注意が必要であることもおさえておきたい。

【授業例　5年生「野菜を食べよう」の指導】

1．題材名
　野菜を食べよう
2．題材の目標
　・野菜に関心をもち，野菜の特徴がわかる　　　　　　（主体的に取り組む態度）
　・野菜に含まれる栄養素を知り，野菜をとる必要がわかる　　　　　　（知識）
　・野菜を切ったり，ゆでたり，炒めたりすることができる　　　　　　（技能）
　・家庭でできる野菜料理を考えることができる　　　　　　（思考・判断）
3．題材について
　子どもたちの野菜の摂取量は多いとはいえず，野菜が苦手な子どもも目立つ。この題材では，野菜を材料として，ゆでる調理，炒める調理の技能を習得するとともに，積極的に野菜をとろうとする意識を高めることを目的としている。
　ゆでる調理では，青菜（小松菜）を使用する。緑黄色野菜の小松菜は，ほうれん草の3倍のカルシウムを含み，子どもたちに親しんでもらいたい野菜である。アブラナ科の野菜は，含まれている食物繊維が腸内環境を整えてカルシウム吸収を助けるため，カルシウムの吸収率が高いことがわかってきた。
　炒める調理ではきんぴらごぼうを取り上げた。ごぼうは古代から食べられてきた野菜

で，各地の郷土料理にも使われている。食物繊維をたっぷり含み，腸内細菌の増殖を促進したり，動脈硬化の予防や血中コレステロールの低下に効果があったりするなどの効用もある。ごぼうを野菜として食べてきたのは，世界中で日本人だけだったといわれている。和の食材としても注目させたい。

4．指導計画（全10時間）

時	小題材・学習活動	○指導上の留意点
1・2	・野菜の仲間分けをしよう 　・知っている野菜を発表する 　・野菜の仲間わけを考える 　　色，季節，固さ，地上・地下，食べる部分（実葉茎根）など 　・食べる部分で分類してみる	・食べたことのある野菜，見たことのある野菜を発表するよう促す ・植物のいろいろな部分を野菜として食べていることや，野菜にはたくさんの種類があることを確認する
3・4	・浅漬けを作ろう 　・包丁やまな板の扱い方を知る 　・きゅうりを輪切りにする 　・ビニール袋にきゅうりと塩（重さの2％小さじ1/2弱）を入れ，軽くもんで浅漬けを作る 　・気づいたことを交流する。（やわらかくなった，水分が出た，水分は薄い緑色など）	○材料や包丁・まな板などを衛生的で安全に扱えるようにする ○机間巡視し，安全に留意する ○野菜には水分が多くその中に多くの栄養素，ビタミンCなどが含まれていることに気づかせる ○家でも作ってみるよう促す
5	・農家の方に野菜作りの話を聞く 　・地元野菜の小松菜を作っている農家の人の話を聞く 　・朝採りの小松菜を手に取って観察する（手触り，におい，色） 　・気づいたことを交流し合う	○事前にゲストティーチャーをお願いしておく ○1年間の農作業，農家の思い ○地元野菜のよさに気づかせ，地元産の野菜を食べて応援しようと話す（給食にも使われている）
6・7	・青菜をゆでて食べよう　指導案A 　（青菜の和え物の調理） 　・青菜のゆで方や食べ方を知る	○青菜の洗い方，ゆで方のコツを知らせる ○野菜が苦手な子も食べる意欲がわくよう和え衣の工夫をする
8・9	・きんぴらごぼうを作ろう　指導案B 　（炒める調理） 　・根菜の扱い方や炒め方のコツを知る	○炒め方のコツを知らせる ○根の固い部分も炒めるとおいしく食べられることを経験させる
10	・家での野菜調理発表会をしよう 　・家での調理の経験を交流する	○家庭科通信等で家庭に協力をお願いしておく

第 8 章　食生活に関する授業実践

5．展　開
指導案 A
小題材名：青菜（小松菜）を食べよう（ゆでる調理）
① 本時のねらい
- 青菜の洗い方やゆで方を知る　　　　　　　　　　　　　　　　　　　　　　　　（知識）
- ゆでる前と後の変化に気づき，ゆでる調理のよさを考えることができる

　　　　　　　　　　　　　　　　　　　　　　　　　　　　　　　　　（思考・判断）
- 協力し合い安全に留意して調理をすることができる　　　（主体的な態度）（技能）

② 本時の展開

	主な学習活動	○指導上の留意点，◇評価
導入	・小松菜を観察し気づいたことを発表する（根元に泥がついている，根が太い，葉が厚い，小松菜の香りがする） ・小松菜をゆで，和えて食べることを知る	○農家が朝に収穫したもの ○こんろの使い方や湯をわかした時の注意点を思い出させ，確認する（安全に留意する）
展開	・小松菜を洗う。大きなボールに水をため，ふって洗い，そのあと根元を広げ，流水で洗って，泥を落とす ・根を切り取る ・大きめの鍋に 7〜8 分目の湯をわかし，沸騰したら塩をひとつまみ入れる ・小松菜を立てて根元を入れ，10 数えたら全体を浸す ・一度しずまった湯が再び沸騰したら裏返して火を止め，ざるに上げる ・ボールに水をため，小松菜をざるごと水に浸ける ・冷めたら根元を上にして，上から下へ軽くしぼる ・まな板に揃えて並べ，4 cm くらいに切り，もう一度軽くしぼる ・和え衣 3 種※で和える ・盛付け・配膳し，試食する ・後片付けをする	○根元を念入りに洗うように声をかける ○茎は切り離さないように注意させる ○大きな泡（水蒸気）が出てきたら沸騰，塩を入れると色が良くなることを知らせる ○根元は太く熱がとおりにくいので，先にゆでる ○ゆですぎないよう注意する ◇調理は適切にできたか ○加熱を止める（ほうれん草などあくの強い場合はあく抜きの意味もある） ○しぼりすぎない（味が落ちる） ◇青菜の洗い方やゆでる調理が適切にできたか
まとめ	・ワークシートに感想をまとめ，発表し合う ・ゆでる前と後の変化（色，かさ，やわらかさなど）などを確認する	◇ゆでる調理の特徴と良さがわかったか

※〈和え衣 3 種調味料〉
・ごま和え（すりごま：大さじ 3，さとう：大さじ 1 1/2，しょうゆ：大さじ 1/2）
・からしじょうゆ和え（ねりがらし：小さじ 1/2，しょうゆ：大さじ 2，みりん：小さじ 1）
・酢みそ和え（白みそ：大さじ 2，さとう：大さじ 1，酢：大さじ 1 1/2，からし：小さじ 1/2）
　※ごまは，煎ってすり鉢ですると，大変香りがよい。みりんは電子レンジで軽く加熱しておく

指導案B

小題材名：きんぴらごぼうを作ろう（炒める調理）

① 本時のねらい
- 根菜類（にんじん，ごぼう）の洗い方や切り方を知る　　　　　　（知識・技能）
- 炒める調理のコツ（高温・短時間）がわかり，炒める調理のよさを考えることができる　　　　　　　　　　　　　　　　　　　　　　（知識・技能）（思考・判断）
- 協力し合い安全に留意して調理をすることができる　　　　　　（主体的な態度）

② 本時の展開

	主な学習活動	○指導上の留意点，◇評価
導入	・ごぼうとにんじんについて知っていること，気づいたことを発表する （形が細長い，地面の下でできる，煮物によく出る，ごぼうは固い） ・きんぴらごぼうを作ることを知る ・炒める調理をした経験や，注意する点を話し合（フライパンを使うことが多い，油を使いすぎない，やけどに注意する，いろいろな料理ができる）	○ごぼう，にんじんを班に配る ○にんじんはカロテンが多い。ごぼうは食物繊維が多く伝統的に食べられてきたことを知らせる ○高温，短時間で行う ○火傷はすぐ水で冷やし教師に伝えるよう話す
展開	・材料の下ごしらえをする 　・にんじんは，よく洗う 　・ごぼうは，水を流しながらたわしで土を洗い落とし包丁の背で皮をこすり落とす 　　・材料を切る 　　・にんじん・ごぼうは5mm幅の千切り 　　・ごぼうは水につけてから，ふきんに包んで，水分をとる 　・炒める フライパンに油大さじ1を強火で熱し，けむりが出たらごぼうとにんじんを入れる。ごぼうが透き通るまで炒め 　・鍋に調味料（右）を入れて，煮る 　・盛付け・配膳し，試食する 　・後片付けをする。油分は不要な布などでふき取ってから洗剤で洗う	材料（4人分） ・ごぼう：小1/2本 ・にんじん：中1/2本 ・油：大さじ1 ○ごぼうの皮にはポリフェノールが含まれているので削りすぎない ○切り方の示範をみせる ○水分が入ると，油がはねて危険 ○強火で短時間炒め，歯ごたえを残す ◇適切に炒められたか 調味料（みりん：小さじ1，さとう：大さじ1，しょうゆ：大さじ1，湯：大さじ3）
まとめ	・ワークシートに気づいたこと，考えたことをまとめ，発表し合う	○家でも機会があればやってみるように話す

3　伝統的な日常食——ごはんとみそ汁の調理

2013年12月,「和食;日本人の伝統的な食文化」がユネスコ無形文化遺産に登録された。「伝統的な日常食である米飯及びみそ汁」「和食の基本となるだしの役割」は実習も含め丁寧に扱いたい。

(1) 米飯の指導

【授業例　5年生「米飯を食べよう」の指導】

1．題材名
　日本の伝統的な主食「米」を食べよう
2．題材の目標
- 昔から伝統的に主食として食べられてきた米に関心をもち，米の特徴がわかる
　　　　　　　　　　　　　　　　　　　　　　（主体的に取り組む態度）（知識）
- 米には炭水化物やたんぱく質などの栄養素が含まれることを知り，米飯を主食とすることのよさがわかる
　　　　　　　　　　　　　　　　　　　　　　　　　　　　　　　　　　（知識）
- 鍋でご飯を炊くことができ，家庭生活にも生かそうと考える
　　　　　　　　　　　　　　　　　　　　　　　　　　（技能）（思考・判断）

3．題材について
　電気炊飯器ではスイッチ1つでご飯を炊くことができる。しかし，鍋を使ってのご飯炊きの仕方を習得しておくことは，いまこそ大切である。
　炊飯器で炊くよりも，鍋で炊くほうが短い時間でできる（加熱開始から約20分）。とくに自然災害が多発している現在，ごはん炊きの技能を身につけておく意義は高まっているといえる。停電状態でもカセットこんろや場合によっては飯盒炊爨のように直火でご飯を炊くことが可能である。そのためには，米の洗い方，浸水時間，加熱の仕方（98℃以上の高温が20分は続くことが必要など），蒸らしなどの原理を理解しておくことが望ましい。
　炊飯の実習はできれば耐熱ガラス鍋で行いたい。米粒がやわらかく膨らんでゆく糊化の様子や水蒸気が米粒の間を通って熱を伝えていく様子などを観察することができる。調理の過程や調理の知恵に触れる優れた教材となる。

また、米は総合的な学びのできる教材として優れている。子どもたちから米について知っていることを出させると、多方面から米について考えることができる。発言としては次のようなものがある。

- 育て方、植物としての稲の特徴（温暖多雨気候）
- 稲の実を食べる（・貯蔵に耐える、・籾殻 → 玄米（糠層・胚芽）→ 胚芽米 → 白米）
- 米の分類　・精米の度合いで玄米・白米・玄米、・米の系統でジャポニカ・インディカ・ジャバニカ、もち米・うるち米、品種・銘柄であきたこまち・コシヒカリ・ゆめぴりかなど
- 歴史　縄文時代に大陸から渡来 → 改良を重ねられ、北方まで広まる
- 米栽培１年間の作業
- 米の栄養（白米→でんぷん＝炭水化物）、玄米 → 糠層＝ビタミンＢ群、油脂など）
- 米の調理法（炊く・煮る・蒸す・炊いて乾燥し干し飯(いい)に）
- 米の色々な食べ方など

各自が興味をもった内容をコンピュータや本、大人へのインタビューなどでさらに深め、「米新聞」などにまとめ、発表し合う学習も考えられる。

4．指導計画（全10時間）

時	小題材・学習活動	○指導上の留意点
1	〈米について知ろう〉 ・米について知っていることを書き出し、発表・交流する （粒が小さい、白い、いろいろな種類がある、米は稲の実、玄米・白米、東北でたくさんつくられている、栽培に八十八の手間がかかる、昔は米がお金の代わりだった、炊くとご飯になる、はじめちょろちょろ中ぱっぱ、ご飯にはいろいろな食べ方がある）	○米に関係のあることならよいことを伝え、自由に発言できるようにする ○米の種類、歴史、栽培、食べ方などに分けて板書していく。「米」にはいろいろな側面があることがわかるようにする。社会科の農業の学習も想起させる
2	〈米を精米してみよう〉 ・稲穂についているのが籾。籾殻を取ると玄米になることを知る ・玄米を爪でこすり、ぬか層を取って、白米にする（精米） ・ぬか層の役目を知る 日本で食べられてきた米以外の穀類について知る（各自、観察する） ご飯の炊き方を話し合い、教科書で確認する	○稲穂、籾、玄米、白米を全員に配る量を用意しておく ・麦、雑穀の泡稗黍(あわひえきび)の粒を用意しておく ・第二次大戦後までは白米の供給量が足りず、多くの日本人はいろいろな穀類や米に野菜・海藻・雑穀などを混ぜた「糅飯(かてめし)」を食べてきたことを知らせる

第8章　食生活に関する授業実践

	・必要なのは，水と熱 ・水の量と加熱時間が大切であることを知る	
3・4	〈鍋でご飯を炊こう〉（本時） ・米1人1/2カップをグループで合わせて炊飯する。炊ける経過を観察する	
5	〈家でのご飯炊き発表会をしよう〉 ・家でのご飯炊き体験と食べ方を交流する ・友達の工夫などから学ぶ	・家庭の状況によっては炊飯器で炊くことも可とする。家庭科通信等で家庭にも協力をお願いしておく

1．小題材名：鍋でご飯炊きをしよう（2時間）
2．目標
- 鍋でご飯を炊く方法や炊ける経過が理解できる（耐熱ガラス鍋使用）（知識）
- グループ内で分担し合い，協力し合って作業をすることができる（技能）

3．展　開

	主な学習活動	○指導上の留意点，◇評価
導入	・ご飯炊きの手順を確認する	○ガラス鍋，加熱調理器具の点検をしておく
展開	・ご飯を炊く ① 米の量を計る（1人 1/2カップ） ② 洗米する。1度水を入れサッと流したら，「30回かき混ぜて水を入れ流す」この作業を2度繰り返す ③ ザルに上げて水を切り，同時に30分吸水させる（水を吸った米を「洗い米」という） ④ 洗い米を正確に計量する ⑤ 鍋に，洗い米と同量の水を入れる ⑥ 中火にかける ※鍋底からの変化を観察し，イラストも入れてワークシートに記録する 短時間で底から水蒸気が出始める ⑦ 沸騰してふきこぼれたら，あわてずにゆっくり5つ数え，弱火にする（こんろが冷めてからふきこぼれをふく） ⑧ 弱火で5分火を通す ※鍋の中の様子を観察する ⑨ さらに，ごく弱火で5分火を通す ⑩ 強火にし，3つ数えて火を止める ⑪ 10分蒸らす	○机間巡視をして適宜アドバイスをする ○米を流さないよう手を添えさせる。30回×2回と指定し時間をかけすぎない ○冬は1時間，夏は30分吸水させる。時間がないときはすぐに炊いてもよい。多少固さはあるがおいしく食べられる ○洗い米と同量の水加減だと失敗がない ○3合以下の場合は中火。量が多い場合は強火 ○底からでる泡は水蒸気であることを知らせ，水蒸気が米の間を通っていることに気づかせる ○鍋の中のあわがだんだん消えていく様子や米の体積が増えたことに気づかせる ⑨は消えない程度のごく弱火がポイント ⑩で鍋底の水蒸気をとばす

	・食器やしゃもじの用意をする ・鍋にご飯粒が残らないよう盛り付ける 鍋は洗いやすいよう，すぐに水に浸けておく ・試食する ・後片付けをする。こんろのふきこぼれをよくふき取る。流しのご飯粒の始末をし，台ふきんでふく	○ガラス鍋は洗っているときに割れる場合があるので教師が洗うようにする ○ご飯粒が流れないよう流しに水切り用の袋を用意しておく
まとめ	・ワークシートにまとめを記入し，発表・交流し合う ・家でのご飯炊き計画を考える	◇協力し合って作業ができたか ○わかったこと，考えたことを具体的に詳しくまとめるように話す ◇炊飯の経過が記録できたか

（2）みそ汁

① ごはんとみそ汁の組み合わせの合理性

　米には必須アミノ酸のリジンが少なく，米を食べるだけでは効率よくたんぱく質を合成できない。それに対し，大豆はリジンを多く含む。逆に大豆に少ない必須アミノ酸のメチオニンが米には豊富。ごはんとみそ汁を組み合わせることによって，それぞれが欠けているアミノ酸を補い合うことができる。

　みそ汁は様々な「汁の実」を入れられるという点でも優れている。動物性食品，大豆食品，たまごなどのたんぱく質を多く含む食品，野菜類，海藻類などビタミン・ミネラルを多く含む食品などなど，アレンジは自在であり，ごはんと具だくさんのみそ汁があれば1食分の食事としても成立するほどである。

② 大豆たんぱくを利用するための発酵の秘密

　大豆は縄文時代には栽培されるようになったことがわかっている。たんぱく質を多く含む大豆であるが，ゆでただけでは特有のにおいが残り，トリプシンインヒビターというたんぱく質の消化を阻害する酵素を含むなど，消化が良くないという欠点がある。その欠点を克服したのが東南アジアの発酵技術である。大豆に含まれる有害物質は発酵微生物の働きによって分解される。このような利用法になじみがない他の地域には食用として広がらなかった。日本では水に溶けだしたたんぱく質を固める豆腐としての利用が多く，次にみそ，しょうゆ，

納豆のように，微生物を利用して煮た大豆を発酵させてから食べるものがほとんどを占める。ここでは，みそを教材として，子どもたちに発酵という優れた食品加工技術に触れさせたい。

③ みそを作ってみよう

みその原料は，大豆・麹・塩である。麹は日本コウジカビ（Aspergillus oryzae）を蒸した米・麦・豆に繁殖させたもの。米麹，麦麹，豆麹の3種類があり，どの麹を使用したかによって，米みそ，麦みそ，豆みそと呼ばれる。

みそ作りに技能的に難しいところはない。時間数が限られている場合は，家庭科の時間と総合的な学習の時間を合わせることも考えられる。実習は雑菌の少ない冬季（12～2月）に行うとよい。5年生時に作ったみそを6年生でみそ汁作りに使うことも考えられる。

【授業例　みそを手作りしよう（2時間）】

① 本時のねらい
- みそ作りに興味をもち，取り組もうとしている　　　　　　（主体的な態度）
- みその原材料とつくり方を知り，みそ作りをすることができる　（知識・技能）

② 展　開

〈材料（でき上がり5kg）〉
- 国産大豆：1kg
- 米麹：1kg
- あら塩：480g
- みその表面を覆うための塩（精製塩でよい）：1kg
- 5kgのみそが入る食品用プラスチック容器
- キッチン用アルコール除菌スプレー

	主な学習活動	○留意点，◇評価
導入	・みその原材料を考え，予想する ・原材料の煮た大豆・米麹・塩を観察する	・煮た大豆・米麹・塩を用意しておく
	・みそを仕込む ① 大豆はよく洗い，大豆の4倍の水に一晩（12時間以上）浸けておく（約3倍にふくらむ）	○寒い季節に行うので必要に応じ，マスクや調理用の薄手の手袋を着用する ○①，②は教師が行ったこと

展開	② 鍋に、大豆がかぶるくらいの水を入れ、中火または弱火で3～4時間煮る。ときどき水を足し、あわ（あく）が出たらすくう。ふきこぼれないように火力を調節する。親指と小指で豆をつまみ、つぶれるようになればできあがり ③ ザルにあけて水気を切る。煮汁は後で、固さを調節するために300 mLくらいとっておく ④ 大豆をボウルに入れ、熱いうちにポテトマッシャーなどで粒がなくなるようにつぶす ⑤ 別のボールに塩と麹を入れ、手で混ぜ合わせる（塩きりこうじという） ⑥ ④に⑤を加え、よく混ぜ合わせる。耳たぶくらいの固さになるようにまとめる。ポロポロしていたら、③の煮汁を少しずつ加え調整する ⑦ みそを両手で握って団子にし、容器の底の方から、しっかり押しつけて空気を抜くように詰める ⑧ 表面を平らにならしてラップでおおい、その上に精製塩をしきつめる（カビの防止） ⑨ 室内の比較的涼しく暗い場所に保管する	を伝える。前日に煮ておき、当日に再加熱してもよい ○用具：ボウル、ザル、ポテトマッシャー ○交代で全員が作業する ○米麹の観察をさせる。表面が白く、独特のにおいがある ○仕込む容器はアルコールスプレーで消毒し乾かしておく ○団子の中に空気が残っていると雑菌が増える ◇協力し合ってみそ作りをすることができたか
まとめ	・⑩、⑪の工程について説明を聞く ⑩ 4カ月くらい経ったら、みその上下を入れ替えるようにかるくかき回すと酵母の働きが活発になり、発酵が進みやすい ⑪ 6カ月～1年、熟成させたら完成 ・ワークシートに気づいたこと、考えたことをまとめ、発表し合う	○冷蔵庫では温度が低すぎて発酵が進まない。夏の暑さで発酵が進む ◇みその作り方が理解できたか

【みそを寝かせておく間に起こる発酵の働き】

- コウジカビがつくった酵素プロテアーゼが大豆のたんぱく質を分解してアミノ酸に変え、アミラーゼがでんぷんを分解し糖をつくる。コウジカビは食塩で死滅してしまうが酵素は働き続ける
- 乳酸菌は、糖を分解して乳酸をつくり、塩味をまろやかにし、雑菌が増えないようにする
- 酵母は、乳酸で酸性度が上がると働きだす。糖を分解してアルコールをつくり、みそに香りをつける

（3）だし比べをしよう

 和食の味の基本として大切な「だし」。みそ汁など汁物だけでなく，日本料理全般に使われる。和風だしの主なものは，かつおだし（イノシン酸），昆布だし（グルタミン酸），煮干しだし，しいたけのだし（グアニル酸）である。最もよく使われるのは，かつお節と昆布の合わせだしである。異なる成分のだしを合わせると，相乗的に旨味が増強される。また，適度な塩分が旨味を強める作用も重要である。世界でも，トマト（グルタミン酸）やアンチョビソース，きのこのスープなどにも，旨味の共通点がある。

 ここでは，簡単にできる水出しのだしを使って，子どもたちにだしの味比べをさせたい（第4章第4節参照）。

【だし比べの学習例】

① 授業前日に，水出しでだしの用意をしておく。容器は，麦茶用のポットなど清潔なものを使用する

 水：1L（5カップ）に対し，塩：ひとつまみ（1g）と，各々の材料を加え，冷蔵庫に1晩（6時間以上）おく。しいたけだしは12時間以上おきたい。

- こんぶだし
  - こんぶ；10cm×10cm（5cm×10cmを2枚でも）
- かつおだし
  - けずりがつお；30g
- 煮干しだし
  - 煮干し；20g（大きさ10cm　6匹分，銀色で黄色に酸化していないもの）
- しいたけだし
  - 干ししいたけ；30g

② 小皿で味見をする。味が混ざらないよう，1回の味見ごとに皿を水洗いする。
③ 全種類の味見が終わり，だし汁が余ったら，2種類のだしを合わせて（合わせだし）味見をする。
④ ワークシートにだし比べの結果をまとめる。

④ 楽しく食べるために――食事のマナーを考えよう

　食べることの意味を考え，食べることそのものを楽しむことが一番である。食材・季節の味・料理や味付け，盛り付けの工夫などを味わえるようにしたい。よくかんで食べるとだ液がたくさん出て消化・吸収もよくなる。給食時は，献立を確認したり食材に含まれている栄養素を知ったりする学習の場にもなる。

　ともに食べる（共食）ことを楽しむことも大切である。一緒に食事をしながら会話をし，楽しい時間を過ごすコミュニケーションの機会である。

　ともに食事を楽しむために知っておくべきマナーも忘れてはならない。皆が気持ちよく食事を楽しむための約束，大きな音をたてない，食器や箸を正しく扱うことなども大切である。調理実習でごはんやみそ汁を配膳する際には，ごはんは左，汁物は右，箸は手前（できれば箸置きを使う）と，伝統的な配膳の仕方を意識させるようにしたい。

引用・参考文献
家庭科教育研究者連盟編（2005）『家庭科の授業――実習ガイドブック』大月書店。
家庭科教育研究者連盟編（2017）『ひとりでできるかな？　初めての家事』大月書店。
熊倉功夫編（2012）『和食――日本人の伝統的な食文化』農林水産省。
原田信男（2010）『日本人はなにを食べてきたか』角川文庫。
本村槇子（2016）『食べもの通信』no. 547，食べもの通信社。
文部科学省（2018）『小学校学習指導要領　第8節家庭』。
文部科学省（2018）『小学校学習指導要領　解説　家庭編』。
吉田よし子（2000）『マメな豆の話』平凡社新書。
中坊幸弘・山本　茂・木戸康博・宮本賢一編著（2016）『栄養科学シリーズ NEXT』講談社。

第8章　食生活に関する授業実践

> **学習の課題**
> (1) 1週間の食事を記録してみよう。気づいたことはないだろうか。自分の食生活について，よい点，改善すべき点をまとめよう。
> (2) 朝食の栄養バランスはとれているだろうか。とれていない場合はその原因を生活の仕方も含めて考えてみよう。

【さらに学びたい人のための図書】

熊倉功夫編（2012）『和食――日本人の伝統的な食文化』農林水産省。
　　⇨日本の食文化について専門家7名が解説している。ネットで検索できる。
家庭科教育研究者連盟編（2005）『家庭科の授業――実習ガイドブック』大月書店。
　　⇨家庭科のものづくりの魅力と技をイラストや解説でわかりやすく紹介。

（海野りつ子）

第9章 衣生活に関する授業実践

この章で学ぶこと

現代の子どもは，既製品を着用して生活していることが多く，自分で何かをつくって，それを使う楽しさを知らない子も多いといえる。また，生活が便利になりすぎて，本来の様式やかたちが見えないことも多い。たとえば，洗濯機に汚れた衣類と洗剤を入れてボタンを押しさえすれば，汚れが取れた衣類となる。なかには，日光のもとで干すことなく，乾燥された衣類となるものもある。汚れの中身は，どんなものだろう。洗剤にはどんな働きがあって，汚れが落ちるのだろうか。

ここでは，本来の様式やかたちを知って体験を通して学ぶ，実践してみてより深く学ぶ，そんな授業実践を紹介する。

1 授業実践について

(1) 衣服の働き

小学校高学年の子どもたちは，自分の衣服に興味をもちはじめる。それまでは，家の人から「これを着なさい」と言われたものを着る，という状態であったのが，自分で着たいものを着る，あるいは，こんなものを着てみたい，という願いをもちだす頃である。そんな時期に，色や形という外見のみでなく，まず衣服をつくる布そのものの成り立ちに興味をもたせ，それぞれの布の特性を生かして衣服がつくられていることを理解させる。次に，衣服というものの働きがわかるように学習を進めていく。

(1) 布の成り立ち

小学校の家庭科の教科書では「織物」「編物」「不織布（フェルト繊維をからませて固めた布）」が取り上げられている。製作には「綿100％」のものがよく使

われている。ここでは、この綿（木綿）という素材に注目したい。

綿は植物のワタに由来する。ワタは比較的栽培しやすいので、小学校では学級園や教材園で広く行われており、「生活科」の授業で取り組まれたこともある。

子どもたちにワタの種を見せると、一様に驚きの声が上がる。まさにワタの中に種がある、という状態だからである。「種にワタの毛が生えている！」と表現した子どももいた。

ワタの栽培の歴史は古く、7500年以上も前に栽培が始まったといわれている。人間はワタから繊維を取り出し、糸をつくり、織って、布にしてきた。ワタが日本に伝わったのは15世紀末で、肌触りのよさと暖かさから木綿は、それまで使われていた麻の布にとって代わった。また、染料に染まりやすいこともあって一気に人々の間に広まったという。綿と織物は長い年月をかけて本来の特徴を残し、また改良を重ねながら現在まで伝わってきた。その歴史の中に農業・工業・流通の歴史をみることができ、人間の知恵と技術が生み出し伝わってきた綿の壮大な成り立ちを感じ取らせたい。

【授業実践 ①】「布の成り立ち」（5年生）

　題材：布の成り立ち

　目標：○ワタから糸、糸から綿の布ができていることを知る
　　　　○織物は経糸（たていと）と緯糸（よこいと）からできていることがわかる

指導計画：（全2時間）

　第1次　ワタから糸へ……1時間

　・自分が身につけている衣服は何からできているのだろう
　　（品質表示の見方を知る）

　・ワタの実から糸紡ぎの観察

　第2次　糸から織った布へ……1時間

　・機織り（経糸と緯糸の関係を知る）

　・綿織物の布目の観察

第Ⅲ部　家庭科教育の指導の実際

〈授業後の子どもたちの声〉
- 自分たちが着ている衣服は，アクリルや綿や毛などでできていてぼくのポロシャツは，ポリエステル65％，綿35％でした。ポロシャツには，記号や注意することなどが書いてありました。記号は，アイロンをかける時の注意でした。注意事項では，たとえば，他の色のものとまぜて洗濯しないとあった。そういえば，ぼくの家では，白い服と色つきの服で分けていました。
- 私は，服の布が何からできているか考えたことがありませんでした。でも，いろいろと調べてみると，綿がたくさん使われていることがわかりました。それとワタの中に種が入っていることはまったく知りませんでした。それがわかり，しかも種を取る体験ができて楽しかったです。昔の人はいろんな便利な道具を思いついてすごいなあと思いました。

(2) 織物と編物と不織布（フェルト）

「生活を豊かにするための布を用いた製作」をテーマに製作教材が取り上げられている。どんな材料を選ぶかが，作品に取り組む意欲やできばえ（達成感）にも影響する。そこで，家庭科の教科書でも取り扱われている，衣服素材について学ぶ授業実践を行った。

【授業実践 ②】「布のひみつと衣服の働き」（6年生）
題材：布のひみつを知ろう
目標：○布には，織物，編物，不織布（フェルト）があることがわかる
指導計画：（全4時間）
　第1次　編物を調べる……1時間
　第2次　織物と不織布（フェルト）……1時間
　第3次　衣服の働きと布の種類……2時間（本時第1時）
〈本時のねらい〉
衣服にはいろいろな働きがあり，その働きによって，3つの布が使い分けられていることを知る

第9章 衣生活に関する授業実践

〈展開〉

学習活動	指導上の留意点	準備
1．学校で着る衣服を考える ・通学に使う衣服 ・体育の時間に使う衣服 ・給食時に使う衣服	○3つの場面の衣服について考えさせる	それぞれの場面の写真
2．通学に使う衣服について考える ・季節に合った衣服 ・汚れても家庭で洗濯ができる衣服 ・織物や編物が使われている 3．体育の時間に使う衣服について考える ・織物ではなく，編物が使われている	○暖かい着方や涼しい着方は，袖の長さや，素材に関係していることに触れておく ○毎日使うものだから，汚れが落ちやすいものであることに気づかせる ○体の動きに合わせて伸び縮みしやすいものが使われていることに気づかせる	Tシャツ ブラウス ポロシャツ 体操服（上下）
4．不織布（フェルト）について知る ・衣服や持ち物の飾りによく使われている	○繊維を固めたものであることを知らせる ○色が豊富で裁ち目がないので扱いやすいが，洗濯に耐えないことを知らせる	フェルトでつくったマスコット人形や習字の時に使う下敷き
5．本時のまとめをする	○織物，編物，不織布について，学校でどんな場面で使う衣服に使われているかをまとめ，素材の特徴をつかませる	

（2）手縫いの基礎

　家庭科の学習は5，6年生から始まる。4年生の終わりに裁縫セットを手にする子どもがほとんどである。新しいものへの期待は大きいと思われる。

　しかし，「子どもたちの手先が，不器用になっている」といわれて久しい。児童の生活経験が乏しく，裁縫の経験をもたない者がほとんどで，布や針を扱うことは多くの児童にとって初めての経験であり，裁縫用具の扱い方から指導を行うことが大切になる。

　学習過程においても当然のことながら，進度に個人差が出てくる。進度にばかり気を使いすぎて，子どもたちの学習意欲が低下してしまうことのないようにしたい。学級集団の教え合い，励まし合うといった学級づくりは成果も確かめられる場面ともなる。

第Ⅲ部　家庭科教育の指導の実際

【授業実践 ①】「針と糸」（5年生）
題材：針と糸を使ってみよう。
目標：○裁縫用具それぞれの名前と役割を知る
　　　○針と糸の正しい使い方を知り，玉結び・玉どめができる
　　　○玉結び・玉どめを使って小物づくりをする
〈指導について〉
○5年生になった子どもは，新しい裁縫セットを手にし，家庭科はどんな学習をするのか，早く何かをつくりたい，と意欲的である。そんな子どもたちに，手縫いの基礎・基本である玉結びと玉どめをどの子にも確かな技術として身につけさせたい。
○教科書には，縫い始め（A）と縫い終わり（B）の糸をとめる方法として，2つの方法が記載されている。（A）は，糸のはしを人差し指の先に1回巻いて，人さし指をずらしながら糸をより合わせる。
　（B）は，糸のはしの上に針を乗せ，針に2回くらい糸を巻き，巻いた部分を押さえて針を抜いてつくる方法である。

　（A）の方法は，指先の感覚が大きくものをいうだけに，5年生の子どもの，どの子にもできるかという点で難しさがある。
　そこで（B）の方法で教えたいと考えた。（B）は，玉どめのやり方であると同時に玉結びのやり方でもあるということである。和裁の専門家の間では，以前より使われている方法ということである。
　この方法を取り上げたのは，次のような理由による。
　　① 玉をつくる順序が，はっきりしている。
　　② 玉の大きさは，針に糸を巻く回数によって決まる。
　　③ 玉の位置を決めやすい。
　　④ 糸の違いや太さによっても，玉の大きさが違うことを理解させやすい。
　　⑤ 練習の初めに，1本の糸にいくつも連ねて玉結びをつくることができる。
　また，1つの方法で，玉結びと玉どめ両方の指導ができるのも利点である。

第9章 衣生活に関する授業実践

図Ⅲ-9-1 玉どめを使った作品例
おにぎりのごまや青果物の種を玉どめで表した。

　玉どめを教える時には，布の代わりに透明シートを使うようにする。そうすると，下になる指の動きを見ることができ，同じやり方であることに気づかせやすい。

　　○針を引っ張る際に糸が抜けてしまうことがあるので，糸は2本どりにする。よく練習をして慣れてくれば，1本どりでもできるように教える。
　　○玉結び，玉どめのやり方の練習を兼ねて，小物づくりをする。フェルトを使って「玉」を生かした作品づくりに取り組む（図Ⅲ-9-1）。
　　○裁縫用具を使うのが初めての子どもがほとんどである。はさみの使い方や，針の数は，学習前と学習後，必ず確認するなど丁寧に指導したい。

指導計画：（全6時間）
　第1次　裁縫用具の使い方……1時間
　第2次　針と糸，玉結びと玉どめ……3時間（本時第2時）
　第3次　「玉」を使った小物作り……2時間

〈玉結びの作り方〉
　（A）小学校家庭科教科書に記載されている。
　（B）玉結びと玉どめが同じ方法でできる。
　　　※既刊の小学校家庭科教科書では，（B）を「別の方法」として記載されている。

〈**本時のねらい**〉
玉結びができるようになる。

〈展　開〉

学習活動	指導上の留意点	準　備
1．針に糸を通し，本時のめあてを知る	○縫いはじめと縫い終わりには，とめるもの（玉）が必要であることをおさえる	針 糸 糸切ばさみ 示範用の針と糸
2．玉結びをする ・玉結びのやり方には，いくつかの方法があることを知る ・玉結びの手順を聞く	○自分で玉結びができるという子がいたら，自分のやり方を演示させる ・玉結びのやり方は次の通りとする ① 糸はしの上に針を乗せる ② 針に糸を2～3回くらい巻く ③ 巻いたところをおさえて，右手（左手）で針を引き抜く	教科書
・繰り返し練習する ・連玉をつくる 3．玉の大きさについて考える	○できた子は，友達にも教えさせる ○針に糸を巻く回数や，糸の太さによってできる玉の大きさが違うことに気づかせる	ワークシート
4．まとめをする	○学習内容を確認するとともに，針の本数が学習する前と同じであるかを確認させる	

◯ ボタン付け

　授業の前に，子どもたちにボタン付けについて，どのような意識をもっているかを調べた。

・ボタンからでている白い糸を引っ張ると糸だけでなく，ボタンが取れてしまうことがある。

・家の人から「ボタンが取れたことに気づいたら，探して見つかったら，持って帰ってくるように」と言われている。

と，どの子もボタンが取れた経験をもっている。そこで，ボタンが取れたら，どうするかを聞いたところ，「家の人に付けてもらう」が多かったが，なかには，「放っておいて，もう着ない」という子がいたのには，驚かされた。

　「2つ穴ボタン」は，取れたら自分で付けることができる，そんな力をつけてほしいものである。

第9章 衣生活に関する授業実践

【授業実践 ②】「ボタン付け」(5年生)

題材：うでわづくり

用意するもの： ・フェルト (5×20 cm)
・2つ穴ボタン 2個

目標： ○ボタンは，布と布をとめる留め具としての働きと，装飾としての働きをしていることがわかる
○2つ穴ボタンを付けることができる
○ボタンでとめる「うでわ」をつくる

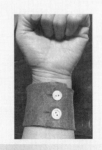

〈指導について〉

○ものづくりを単なるものづくりに終わらせないためにその教材の技術性とテーマ性を考えるようにする。

技術性……使用に耐えるボタン付けができることにある。

　技術の指導の順次性を踏まえて，まずブロードの布にボタン付けをさせる。これは，カッターシャツやブラウスによく使われているからである。糸は，本来1本どりがよいとされる（教科書では，「1本どり，または2本どりだと丈夫である」と記されている）が，扱いやすさを考えて2本どりで指導する。

テーマ性……フェルトの布に2つ穴ボタンを2つ付けて自分の腕に，巻きつける「うでわ」をつくる。

　不織布であるフェルトには，伸びやすい，洗濯に耐えないという短所があるが，裁ち目がほどけてこないので細工がしやすく，色も豊富であるという利点がある。子どもたちには，運動会などの組団のシンボルとしての「うでわ」をつくるというテーマ性をもたせた。

○予想されるつまずきは，次の3つである。

① ボタンの糸足の部分がない

② ボタンに対して斜めに糸が出ている

③ 玉結び，玉どめの大きさとつくった場所が不適当である

とくに①については，糸に糸を巻いて糸足をつくるという先人の知恵として教えたい。できれば，示範用の大きなボタンと針を使う。または，OHCを使って拡大して指導する。

　○ボタンの種類は，プラスチック，貝がら（図Ⅲ-9-2），木，金属といろいろある。

　子どもたちに「家にボタンがあれば，持ってくるように」と授業前に伝えておくと持ってくる子が多い。不用になったボタンは，なぜ捨てずに置いてあるのか，などを聞くと不用なボタンもシャツのボタンなど取れて失くした時の替えとして使えるという「生活の知恵」を教えることもできる。

図Ⅲ-9-2　貝がらからボタンの形に抜いたもの

貝殻でできたボタンの生産量が日本で一番多いのが，奈良県であるといった豆知識も伝えたいものである。

指導計画：（全4時間）
　第1次　ボタンの働きと種類……1時間
　第2次　布（ブロード）に2つ穴のボタンを付ける……1時間（本時）
　第3次　うでわづくり……2時間

〈本時のねらい〉

　玉結び・玉どめの位置に気をつけて，糸足の付いた2つ穴ボタンを付けることができる。

第9章　衣生活に関する授業実践

〈展 開〉

学習活動	指導上の留意点	準　備
1．布にボタンを付けてみる ・糸とボタンの色 ・ボタン付け 2．付けたボタンを観察する ① 玉の位置はどこにあるか ② 布は引きつれていないか ③ 糸足があるか 3．糸足の役割を考える 4．ボタンの付け方を知る 5．糸足をつくることに気をつけてボタンを付ける	○ボタンの働きを思い出させ、本時のめあてを知らせる ○付ける布地に合ったボタンの大きさと、ボタンの色と糸の関係について考えさせる ○ブロードの布に2つ穴ボタンを自由に付けさせる。とくに初めてボタン付けをする児童がどんな付け方をするか観察する ○学習活動の①～③の観点から自分の付けたボタンを観察させ、気づいたことを発表させる ○自分（または隣の人）の着ている服のボタン付けの様子を観察させる ○ボタンをつまみやすくしたりボタンを丈夫に付けるためや、布に厚みがあるときは、糸足が必要になることを理解させる ○示範をする。とくに糸足をつくりにくい子には、布とボタンの間に爪楊枝を入れて空間をとらせる ○学習したことを生かして練習させる	ブロードの布 2つ穴ボタン 白カタン糸 裁縫用具 示範用布 針 爪楊枝

〈学習後の子どもたちの声〉

・今日は、1時間だけで、家庭科のボタン付けをしました。ボタンを付けるのは、穴に通して、出てきた糸に何度も糸をまきつけました。しっかり、布にボタンをくっつけると思っていました。でも、やっぱり「糸足」を作って布に入るよゆうがないといけません。「糸足」は、ふつうにボタンを付けるようにしてから、つまようじをいれて、糸をクルクルとまくとうまくできました。なかなかおもしろいやり方でした。これで、ちゃんと2つ穴のボタンのつけ方がわかりました。

・今日は「うでわ」をつくりました。最初に、先生が「ボタンを付ける位置をたしかめましょう」と言ったので、となりの子と協力してボタンをつける位置にえんぴつで印を付けました。きんちょうしながらやりま

> した。つまようじがあると，ボタンと布の間をあけるのが，楽だけど針に穴を通したりするとき，引っかかってじゃまになる時もあります。2こめは，糸が足りなくてぎりぎりで玉どめをやりました。かっこいいうでわができて，ぼくのうでにぴったりと合いました。

（3）洗　濯

　洗濯機に汚れたものと洗剤を入れてボタンを押すと，汚れたものはきれいになり，あとは乾かすだけ。子どものなかには「洗濯」というとそういうイメージをもっている子がほとんどといえる。なかには，乾燥機を使うから「干す」こともいらない…そんな生活の中で，子どもに何を教え，どんな力をつけさせるかについて考えたい。

　ここでは，どんな汚れが付いて，その汚れを落とすにはどんなものが必要か，どんな方法で洗うのか，どこで乾かせばいいのかという基礎・基本にあたる部分を丁寧に教えたい。

【授業実践 ①】「くつ下の洗濯」（5年生）

題材：くつ下の洗濯

目標：○くつ下の働きと汚れがわかり，洗濯することの意味がわかる
　　　○学習したことを踏まえて，くつ下を洗濯する

〈指導について〉

○くつ下は，保温・保護・くつとの適合性などの護身機能と装身性機能をもっている。目的に合わせて多種多様なものが市販されている。子どもたちの履いているくつ下のほとんどは，スクールソックスと呼ばれるものである。綿を主材料とし，はき口にゴム，かかとにナイロン糸や化学繊維で補強されているものが主流である。

○くつ下は，皮膚に直接に触れているため，新陳代謝による皮膚の老化物や汗などによって内側から汚れる。さらに，くつの着脱や行動によって

外からも汚れが付き，繰り返し摩擦することによって繊維の内部に浸透し，細菌の作用で悪臭を放つことになる。汚れの成分は，汗・アカ・皮脂とホコリである。小学生は行動が激しく，汗をかく量も多く，皮膚の代謝も盛んである。そのうえ，土や砂なども付けてくる。そうなると，保温性や吸湿性などの衛生機能が低下する。

くつ下の汚れた状態は，細菌や微生物の発生しやすい条件も揃ってしまうことになる。カビ類は，極めて少量の栄養分と水分で増殖し，体温と同じ37℃よりやや低めという温度で発生しやすい。くつ下の中は，カビ類にとって好環境である。

以上のことから，成長期にある子どもに，くつ下の役割をわからせたうえでくつ下を清潔にする必要性を意識させたい。

○くつ下は，手洗いする。

自分のことは，自分でできるようになってほしい。とくに毎日洗う必要のあるくつ下は，風呂の残り湯などを利用して手洗いしてほしい。

汗は水に溶けるが，アカ・皮脂は，洗剤を使わないと落ちない。汚れを落とすためには，洗濯液の濃度・洗濯時間，それに，つまんだり，もんだりという機械的な操作が必要である。また，細菌を取りのぞくためには，洗濯液の温度を高め，すすぎ回数を増やすのが効果的だといわれる。

洗剤の種類は，大きく石けんと合成洗剤に分けられる。洗浄力と使いやすさでよく使われる合成洗剤だが，安全性と環境汚染の面では不安もある。洗剤が汚れを落とすのは，浸透作用・分散作用・乳化作用・再汚染防止作用などの働きをする界面活性剤の働きによる。

○授業では粉石けんを使い，手洗いで実習させる。
手順は次の通りである。

① くつ下の重さを測る
② ①の15倍ぐらいのぬるま湯（30〜40℃，風呂の残り湯ぐらい）を用意する
③ 分量をはかった粉石けんを使い，もみ洗いをする

> ④ 途中で裏・表をひっくり返してよく洗う
> ⑤ 3回以上すすいでねじりしぼりをする
> ⑥ 形を整えて，日なたに干す
> ⑦ 乾いたら，早く取り入れる

　わざわざ手洗いするのは，洗濯の仕方，汚れの落ち方がよくわかること，つま先やかかとなどのとくに汚れているところは，洗濯機だけでは，落としきれないからである。また，ねじりしぼりがうまくできない子どもが増えているという実態も踏まえ，丁寧な指導が必要である。

　風呂の残り湯などを使って家庭で実践するように呼びかけやすい利点もある。衣服の手入れに必要な取り扱い絵表示（99頁，図Ⅱ-5-9参照）の例と意味や，洗濯と環境の問題については，教科書に記載されている資料を使って教えたい。

> 指導計画：（全8時間）
> 　第1次　くつ下の働きと汚れ……2時間（本時第2時）
> 　第2次　洗剤と洗濯……2時間
> 　第3次　くつ下の洗濯（洗濯と環境）……2時間
> 　第4次　取り扱い絵表示の見方と家庭での実践交流……2時間

〈本時のねらい〉

くつ下は足を守る働きをし，汚れたものは洗濯してきれいにすることができることがわかる。

〈展　開〉

学習活動	指導上の留意点	準　備
1．くつ下の働きについて考える	○暖かい，気持ちがよい　汗を吸い取る，くつずれやけがをしない，など	汚れたくつ下
2．くつ下を観察する ・汚れのひどいところ	○よく汚れているのは，力がかかるところであることを確かめさせる	
3．くつ下の汚れの種類を知る	○土，砂，アカ，汗，油，カビ類など	

・表につく汚れ ・裏につく汚れ		
4．汚れたくつ下は，どうすればよいか考える	○洗濯する なるべく早く洗う 裏も表もあらう，など	
5．洗濯する計画をもつ		

〈学習後の子どもたちの声〉

- 今日は，くつ下を洗たくしました。手であらえるかなあ，と心配でした。でも，洗ってごしごしとやっているとおもしろくなってきました。だいじなのは，表だけでなく，うらがえして洗うことでした。とくに汚れていたのは，かかとのところでした。力がかかってるみたいです。しぼるのも力がいりました。かわいて，さわってみるときもちがよかったです。
- 自分のくつ下をあらいました。よごれているなあ，とびっくりしました。洗ざいをつかってあらうと，きれいになってきました。いつもは，洗たく機でお母さんに洗ってもらっているけど，自分でもできるなあ，と思いました。

【授業実践 ②】「洗剤のはたらき」（5年生）

題材：洗剤で汚れが落ちることを確認しよう

用意するものと手順：

- 白い綿布 （3cm×3cm）
- 糸（適宜）
- しょうゆ（水性の汚れ）
- 赤のパス（油性の汚れ）
- 水を入れた500mLのペットボトル

① それぞれの汚れを綿布につける（図Ⅲ-9-3）

② 水を入れた500mLのペットボトルに①を入れて振る
水だけで汚れが落ちたか確認する

図Ⅲ-9-3

> ③ 規定量の洗剤を入れて振る
>   洗剤で汚れは落ちたか確認する
> ④ 落ちなかった部分があれば，つまみ洗いをする

（4）生活を豊かにするための布を用いた製作

　子どもは，既製品を買って使うことに慣れている。しかし，5年生になり，裁縫用具を使って製作することの面白さや，できあがったことへの達成感を感じとった子どもは，さらにできるものを増やしたい，という意欲もみせてくれる。

　モノづくりを通して，そのもののできる過程を学んでほしい。そして，製品を見つめる目，いわば消費者としての目も養ってほしいと願う。

　ここでは，手縫いやミシン縫いを実践的に体験することからの学びを大事にしたい。

【授業実践 ①】「のれんの製作　ボタン付けの学習の応用（共同制作）」（5年生）

用意するもの：
- フェルト（5cm×5cm）
  …1人，2～5枚
- 2つ穴ボタン
- 糸

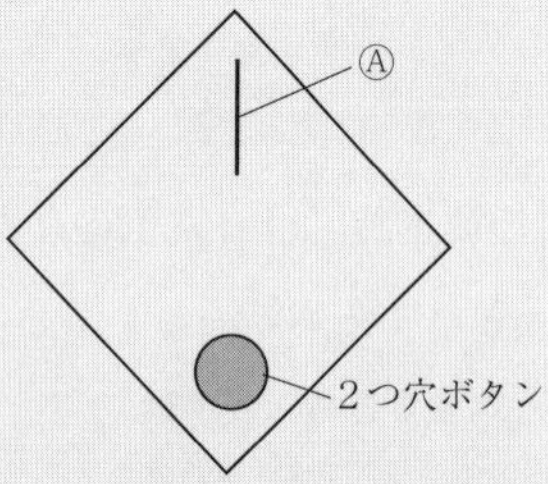

図Ⅲ-9-4　ひとり分ののれんの部品
一人ひとりののれんの部品をつなぎ合わせると…

作り方：
- フェルトに図Ⅲ-9-4のⒶのように穴をあける（ボタンホール）
  1枚ずつをボタンでつないでいくとのれんになる（図Ⅲ-9-5）。

第9章 衣生活に関する授業実践

作業のスピードには，個人差ができる。共同制作にすることで早くできる子は，複数枚に取り組むことができる。でき上がった作品は，教室に展示すると大作になる。

図Ⅲ-9-5 完成！ みんなでつくったのれん

【授業実践 ②】「きんちゃく袋の製作」（5，6年生）

（詳しい縫い方は172〜173頁【きんちゃく袋の製作】を参照）

題材：きんちゃく袋の製作

　　　　（横約14 cm×たて約18 cm）

　　　　（縫い目の調子で0.5〜1 cm 違ってくる）

用意するもの：

- 布　（18 cm×48 cm）
- 丸ひも　45 cm…2本
- 縫い糸
- 縫い針
- チャコ，チャコペンシル
- ミシン，ロックミシン
- ピンキングばさみ

作り方：

① 大きさを決めて布を裁ち，印を付ける。

② 脇を縫う。（aからbまで）

- ミシン縫いの場合，縫い始めと縫い終わりの返し縫いを忘れないようにする。
- 手縫いの場合，縫い始めと縫い終わりをひと針返しておくと丈夫に縫える。

③ 出し入れ口を縫う。
④ ひも通しの部分を三ツ折りにして縫う。
⑤ ひもを通し，仕上げをする。
- 表に返して，出し入れ口に両方から丸ひもを通す。
 ひもの長さは，ひもを通す部分に結び目を加えて用意する。
- 表に返す時は，角をきちんと折ってからひっくり返すときれいに仕上がる。
- 布はつくりたいものによって大きさを変えてもよい。その場合，ひもの長さに注意する。

新学習指導要領に「B 衣食住の生活（5）生活を豊かにするための布を用いた製作」と書かれている。教科書を見ながら「きんちゃく袋」などを自分の力で製作して，その指導方法を考えてほしい。

また，小学校の教科書には縫い方を記載している。教科書を見ながら基礎縫いに取り組んでみよう。

（5）学習の課題

製作を主体とする学習内容となるため，指導を行う前に自分でつくってみることを基本姿勢に取り組んでほしい。自分自身で製作することによって，子どもたちに指導するうえでの留意点がわかる（図Ⅲ-9-6）。

○ 織った布の性質を考えよう
　① 折り紙を2枚用意して，「平織」に挑戦してみよう
　② できあがった折り紙の「平織」を縦，横，斜めに引っ張ってみよう
- どんなことに気づいたか。
　➡ 斜めによく伸びることに気づかれたと思う（バイヤスという）。
- 日常生活の中でどんなところでこの性質が使われているだろうか。
　➡ 私たちの衣服の中でも，腕まわりの部分は，斜めには体に沿ってよく

伸びる性質が生かされている。日常生活の中では，調理実習で使う三角巾も斜めに引っ張って頭の周りに布が沿うように使われているし，お弁当を包む布やふろしきも引っ張る部分は，斜めの部分である。

経糸に緯糸を通す　　　　　　平織の完成　　　　　　縦・横に引っ張っても伸びないが斜めには伸びる

図Ⅲ-9-6　折り紙による「平織」の製作

2　家庭の実践に結びつく授業づくりについて

(1) 学習したことを家庭生活に生かす取り組み――より確かな基礎・基本の力をつける

　家庭科のみならずどの教科でもいえることだが，子どもたちが学習したことを保護者に話すことによってより確かな力につながる。とくに，家庭科は，衣食住の生活，消費生活・環境という家庭生活を取り巻くいろいろな事象を教材とすることが多い。5年生の初めに『家庭科だより』を発行し，これから子どもたちが学習する「家庭科」は，どんなことを学ぶのかを子どもと家庭にお知らせするようにしている。その一部を次頁に紹介する。

　このようなお便りを発行しておくと，子どもたちが作品を持って帰ると家庭でも励ましの言葉をかけてくださる。「上手にできているね」その言葉に励まされて子どもたちの知識・理解・技能が深まると考える。

> **はじめまして 家庭科です！**
>
> 家庭科では，
> 　私たちが生活している家庭を中心に，地域の生活にも目を向けて，家庭の生活や衣服，食物，住まい，消費生活・環境のことなどを学びます。
> 　家庭科の学習のしかたとしては，次のようなものです。
> 　**調べる**…どのようになっているか調べましょう。
> 　**考える**…考えながら学習しましょう。
> 　**できる**…いろんなことが自分でできるようになりましょう。
> 　**工夫する**…ちょっとしたアイデアを出し合って学び合いましょう。
> 　**生かす**…家庭科の時間以外でもやってみましょう。
> 　　　　　　おうちでの生活や，地域での生活にも生かしていきましょう。
>
> <u>先生たちからのお願い</u>
> 　学習したことをおうちで話してごらん。おうちの人たちは，また，いろんなことを聞かせてくださいますよ。それから，学習したことのうち，おうちでできることがあったら，やってみよう。家庭科がもっと楽しくなって，その深さがわかってくるはずです。

　第1節 第2項「手縫いの基礎」の授業実践②「針と糸」（5年生）では，持ち帰った作品について次のようなお手紙を寄せてくださった。

> 　初めて針と糸を使って勉強した作品を私にプレゼントしてくれました。小さな作品ですが，わが子がこんなことができるようになったんだと嬉しくなりました。大事になおしておこうと思います。「いいのをつくってくれたね」と言うとはずかしそうに笑っていました。家でも針と糸を持たせてみようと思います。

　さらに，学習計画にゆとりがある時は，家で使ってみた様子，あるいは，家の人の声を交流する機会をもつとさらに学びが広がる。

第9章　衣生活に関する授業実践

（2）家族・家庭生活につなぐ実践

　衣生活の授業実践を通じて「生活文化の継承」につながることにも触れておきたい。第1節 第1項「衣服の働き」では，「布の成り立ち」（授業実践①）「布のひみつと衣服の働き」（授業実践②）を紹介した。

　私たちの「先人の知恵」ともいうべき内容を含んでいる。先人から受け継がれてきた知識・技能を学習し，その内容を自分の生活の中で確認できるように授業で触れてきた実践である。

　第1節 第4項「生活に役立つものの製作」は，文字どおり生活の中で役立ててほしい，使ってほしいものである。そして，使ってみてどうだったか，どんな点を改善したらいいだろうかなどの交流する時間を学習計画に入れた実践である。たとえば，新学習指導要領にもあげられている「袋作り」では，「口あきの部分」が使ってみて大事であることに気づくものである。物を出し入れする部分として大事にしたい技能が，使ってみて知識として理解し，習得できる。また，「角の始末」は，できばえの美しさに関わる。そんな「先人の知恵」に触れることで「生活文化の大切さに気づくこと」ができる。

第Ⅲ部　家庭科教育の指導の実際

【きんちゃく袋の製作】

詳しい縫い方から仕上げまで。

（材料は167頁参照）

① 大きさを決めて布を裁ち，印を付ける。

（印は裏に付ける）

② 中が表になるように折る。

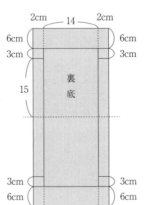

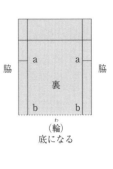

③ 脇を縫う。（aからbまで）

・ミシン縫いの場合，縫い始めと縫い終わりの返し縫いを忘れないようにする。

・手縫いの場合，縫い始めと縫い終わりをひと針返しておくと丈夫に縫える。

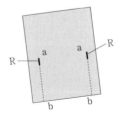

④ 出し入れ口を縫うため，脇の縫いしろを開く(A)。口あきの脇を縫う(B)。

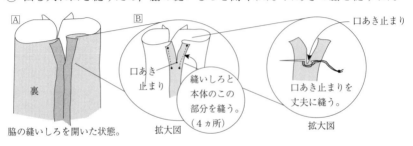

第9章 衣生活に関する授業実践

⑤ ひも通しの部分を三つ折りにして縫う。

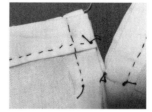

口あき止まりは丈夫に仕上げる。

⑥ ひもを通し，仕上げをする。
・表に返して，出し入れ口に両方から，丸ひもを通す。

丸ひもの長さは，ひもを通す部分に結び目（20 cm くらい）を加えて用意する。

※表に返す時は，角をきちんと折ってからひっくり返すときれいに仕上がる。

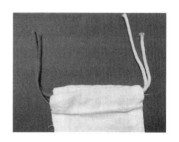

〈注意〉

縫いしろの始末のしかた（裁ち目の場合）
- かがり縫いをする
- ピンキングばさみを使う
- ロックミシンをかける
- 「みみ」（布の端など糸がほつれてこない部分）の場合は，そのままにしておく

第Ⅲ部　家庭科教育の指導の実際

引用・参考文献
文部科学省（2017）『小学校学習指導要領　解説　家庭編』（平成29年告示）東洋館出版社．
文部科学省　検定済教科書『わたしたちの家庭科5・6』開隆堂．
文部科学省　検定済教科書『新しい家庭5・6』東京書籍．

学習の課題

(1) 『フェルトを使った作品づくり』に取り組んでみよう．
　小学校検定済み家庭科教科書には，作品例として掲載されている．教科書を見ながらつくってみよう．つくるなかで子どもたちに指導するポイントも理解できるようになる．

(2) 『きんちゃく袋』をつくってみよう．
　今回の指導要領では，「生活を豊かにするための布を用いた製作」として実習題材について「袋」などの題材を扱うようにする，と書かれている．「袋」作りは，簡単そうに見えて意外と難しいものである．ぜひ一度自分でつくってみてほしい．自分で製作することで指導方法にも自信がつく．

【さらに学びたい人のための図書】

鳴海多恵子編，櫻井純子監（2008）『布を使った作品集──基礎・基本が身につく，かんたんにできる』開隆堂．
　⇨布を使った教材として，楽しく簡単にでき，基礎的技能が習得できる作品例を紹介している．用具や布の準備の手順や授業についてのよくある質問をQ&A形式で紹介するなど，授業づくりの基本から取り上げられている．

野崎惠津子・稲田百合（2010）『新任教師の仕事　家庭科　授業の基礎基本』小学館．
　⇨家庭科を初めて教える先生を対象に先輩から若い先生にアドバイスするようなかたちで紹介されている．構成は，①家庭科の基礎基本テクニック　②家庭科のQ&Aのかたちで掲載されている．

櫻井純子編著，橋本　都・篠原祝子編集協力（1994年）『小学校家庭科資料集　被服』明治図書．
　⇨第Ⅰ部　家庭科の授業設計　第Ⅱ部　資料編　という2部で掲載されている．家庭科の被服に学習内容を教えるのに必要な知識・技能を丁寧に解説されている．

（谷口明子）

第10章 消費生活に関する授業実践

この章で学ぶこと

　児童は学習者であるとともに消費者でもある。学習することによって自らの生活を見直し，よりよい生活・実践へ結びつけさせる授業をつくるにはどうしたらよいか考えていきたい。

　本章ではその授業実践例として，児童に身近なものとなりつつあるプリペイドカードとクレジットカードについて取り上げていく。どちらもインターネットと絡まって広がりつつあり，「見えないお金」の仲間である。学習を通して「見えないお金」を見えるようにし，「見えないお金」のもつ課題について把握するなかで，どのように向き合っていくことが大切か，一人ひとりに考えさせていく。

　これらの授業を通して新学習指導要領のねらいにある，金銭の大切さに気づくとともに，情報を上手に生かしながら適切な消費行動をとることのできる児童を育成する方策について学んでいく。

1　授業実践について

（1）実生活を見直す

　児童が意欲的に取り組む課題とはどういう課題だろうか。それは課題となる内容が自らの生活経験のなかにあり，その経験をもとにして見通しをもって取り組める課題である。児童は大人に比べて経験値が低いので，大人のように今までの経験から類推して思考を進めることはむずかしいが，自らの経験に基づいて考えることは得意であり，そこに課題解決の糸口が見えていれば，そして，それが自らの生活を向上させると見込まれるものであれば，その解決への意欲は倍加する。

このように児童の実態を把握し，適切な課題設定を行うことはどのような授業を組み立てる場合にも大切なことである。児童の実態を把握するには，いくつかの方法がある。最も簡単なのはクラス内での児童とのコミュニケーションを通じて実態をつかむ方法である。ただ，これは確実性や系統性に欠けるときもある。確実にこちらがつかみたい内容をおさえるには事前アンケートが最もよいだろう。

　アンケートは，課題解決のなかで児童がどんな力を身につけるのかを教師が明確に把握した後，児童の課題に対する経験値や課題解決に向けた意欲がどのあたりにあるのか見通せる内容が望ましい。後述の授業実践では，実際の授業で使用したアンケートの一部が示されているので参考にされたい。

　このアンケートから，児童の実態や課題の受けとめ具合を読み取り，授業を組み立てていく。生活経験の違いにより経験値にも差があり，授業をどの段階から組んでいくのか，どのような具体的な課題を抱えているのか，児童が知りたがっている内容は何なのか，といったところは授業の組立てに生かさなくてはならない要素である。教師はこれら児童の課題を解決しつつ，児童に身につけさせたいと願う力を児童の主体的な学びのなかで定着できるように授業を組み立てていくことが大切である。

（2）生まれながらの消費者

　一方，学ぶ側の児童はどのような立ち場にあるのだろうか。

　現代社会では生まれてくるとすぐに人は消費者となる。社会が金銭と深く結びついているためである。多くの子どもは小学校入学以前に買い物をし，お金を使用することで様々なものやサービスを手に入れることを学んでいる。つまり，学校で消費について学ぶ以前に，既に消費生活はスタートしているわけである。もちろんこれには個人差があり，生活経験の違いが経験値の差となっているので，クラス内でのコミュニケーションを通じて一定のレベルに引き上げておくなど，授業を実施するにあたって配慮をする必要がある。

　さて，前述のように，すでに消費者として当たり前に生活しているなかから，

課題意識をもたせるには一工夫が必要である。何の問題もなく過ごしている日常生活の中から課題をみつけるのは大人でさえ難しいということは，経験的に理解できるであろう。それゆえ，児童に日常の生活から課題を見出させるためには，それなりの仕掛けが必要である。たとえば，児童の予想を覆す事実を提示したり，課題についてわざと教師が誤った仮説を提示したりすることで，児童の目は課題に向けられるようになる。もし，事前アンケートで予想外の結果があれば，それを上手に使うと課題への追求意欲は一気に高まる。

児童は，課題が自らの生活経験をもとに見通しをもてる内容であれば，さらに，その課題を解決することが自らの生活向上につながることであれば，進んで取り組もうとする。それは自分たちが消費者であることを知っているからである。児童の課題追求の意欲を上手に引き出すことが大切である。

さらにいえば，国語科や算数科といった教科学習に比べ，日常の生活を扱う「消費者教育」はどの児童にも興味がもてるものとなっていることに注目したい。これは教科学習が積み重ねの学習であるのに対し，消費者教育は既に自らが消費者として経験したことをもとに考えていくので，誰にでも取り組める利点があるということである。

こういった学習を積み重ねることで児童には自らの生活を見つめ直す力，日常生活の中から課題を見出す力が身についてくる。今まで日常生活の中で当たり前だと思っていたことには，実は深い意味や理由があることに気づく。そして，自らの生活と比較してその意味を捉えられるようになる。つまり社会の仕組みを理解することにつながっていく。

（3）「見えるお金」と「見えないお金」

世の中には「見えるお金」と「見えないお金」があり，児童になじみが深いのは「見えるお金」すなわち現金だが，実際の社会では「見えないお金」が大多数を占めている。「見えるお金」は目の前の現金が増えたり減ったりするので，バランス感覚が働きやすい。「見えないお金」は数字の変化でしかなく，その増減について，実感を伴って理解することは児童にとって難しいといえる。

しかしながら社会はキャッシュレスに向かっており，児童も消費者のひとりとして「見えないお金」の掌握に向かわねばならない。「見えないお金」をいかに「見えるお金」に近づけていくか，バランス感覚を失うことなく利用できるか，考えさせていく必要がある。

　お金が見えにくくなっていることで，労働の対価として支払われる給料の意味も薄らいできている。昔であれば稼ぎ手である父親の給料日には，父親が月給を現金で妻に渡し，その現金を元手に1カ月の家計をやりくりするのが妻の役割であった。給料日の晩御飯は普段よりも質のよいものが並び，家族全体で父親の労働の意義を確認し，また，労働の対価としての給料の意味も自然と子どもに伝わっていた。

　しかしながら，給料日は銀行の口座の数字が変化するだけの日となったいま，労働の対価としての給料を家庭で学ぶ機会はほとんどなくなってしまった。労働の対価としての給料の意味を，子どもはもちろん，労働に従事している本人もしっくりと実感してはいないのではないか。

　気をつけなくてはならないことは，指導する側も児童も同じ世界を生きているということである。「見えないお金」の状況は日々変化しており，その恩恵を，児童も指導する側も同時に同レベルで受け取っている。つまり，指導する側に時間的なアドバンテージはない。あるのは，その変化を自らの生活とともに社会の進展のなかで語ることのできる歴史的な理解力のみである。

　本章ではこの後，「見えないお金」として「プリペイドカード」と「クレジットカード」を取り上げ，授業を組み立てる。これからの時代を生きていく児童に対し，危険だから近づかないといったスタンスではなく，どうしたら安全に，そして有効に利用できるかといった方向で考えさせていく。

　そして「見えないお金」も「見えるお金」と同様に使えば減り，収入がなければやがてなくなってしまうこと，つまり総支出が総収入を上回ることのないようにバランス感覚をもたせていくことが，この学習で児童に身につけさせなければならない内容である。

2　家庭での実践に結びつく授業づくりⅠ
──「プリペイドカード」ってなあに

（1）この授業で育てたい力

　プリペイドカードは現在急速に社会へ浸透しつつあるカードで，クレジットカードに比べ，事前支払制で無駄遣いがなく安心，といった声がある一方で，見えないお金の支払いが増えることで，お金の価値が実感できない，といった声も聞かれる。プリペイドカードの実態について理解するとともに，プリペイドカードの長所・短所を理解して使いこなす必要がある。

　また，授業の後半では具体的な問題やインターネット上でプリペイドカードを使用する時の課題について考え，正しい知識をもとに適切に対応できる判断力を育てていく。

　授業の組み立てにあたり，児童の実態をアンケートで調査した。対象は東京都心部の小学校5年生である（2014年度 実施）。

質問1．「スイカ」や「パスモ」といった交通系プリペイドカードを持っていますか。
- もっている（93％）
- もっていない（7％）

〈分析〉交通系プリペイドカードは5年生ほぼ全員がすでに所持している。

質問2．交通系プリペイドカードを持つ主な理由は何ですか。
- 塾等に行くときに使うため（44％）
- お財布代わりに，現金を持ち歩かなくて便利だから（6％）
- 保護者に渡された（35％）
- 友達が持っているから（3％）
- その他（12％）

〈分析〉塾通いに伴い，所持した児童が多いことがわかった。保護者が切符代わりに持たせている様子もうかがえる。

質問3．交通系プリペイドカードで商品を購入したことがありますか。
- ある（54%）
- ない（46%）

〈分析〉交通系プリペイドカードを本来の目的でない商品購入に利用している児童が約半数程度いることがうかがえる。

質問4．商品購入のためにプリペイドカードを今までに何回くらい使いましたか。
- 1回（15%）
- 2～3回（15%）
- 3～6回（31%）
- 7～10回（0%）
- 11回以上（38%）

〈分析〉複数回利用の児童が多い。一度使い始めると使うのが当たり前になっていく様子がうかがえる。

　以上，代表的なものを掲載したが，全体で20問程度質問した。アンケートの結果を分析することで児童の実態がある程度みえてきた。それをもとに授業を組み立てていく。

（2）指導案例

【本単元に関わる具体目標】
- プリペイドカードの仕組みについて理解し，そのよさや課題について考えることができる
- インターネット上でプリペイドカードを利用する時の課題について考えることができる

第10章　消費生活に関する授業実践

【指導計画】（2時間扱い）

〈各時の指導〉

展開	主な学習活動	○留意点　◇評価　・資料
つかむ	1．プリペイドカードにはどんなものがあるか考える	・パスモ ・コンビニエンスストアでの販売カード例
調べる	2．プリペイドカードの概略を知る ・資料をもとにプリペイドカードについての概略について知る ・先日行ったアンケート結果を伝え，現状について理解する	・プリペイドカードに関する資料 ・アンケート結果
まとめ	プリペイドカードの良いところや，注意するところについて考えよう 3．プリペイドカードの良さや注意点について考える ・おつりがなくて便利 ・支払いを素早く済ませられる ・上限が決まっているので，それ以上無駄にお金を使うことがない ・お財布みたいにかさばらない ・簡単に使えるので使いすぎる	○良い部分だけでなく，便利さの裏側にある危うさにも目を向けさせる ◇具体的な場面を想起して考え，自分なりの考えをもつことができたか
	4．まとめ 　本日の学習についてまとめる	○本時の学習について振り返り，わかったことを書かせる
調べる	5．具体的事例をもとにプリペイドカードの扱いについて考える ・プリペイドカードの長所と短所が浮かびあがるように考える	○自力解決の見通しを個々に立てさせ，意見を交流する
ひろげる	プリペイドカードのインターネット上での注意点について考えよう 6．インターネット上でのプリペイドカード使用時の注意点について考える ・事前に学んだ長所と短所を踏まえ，インターネット上での課題についてまとめる	○今までの学習をもとに，どんな事態が想定されるか，それにどのように対応したらよいか，考えさせる
まとめ	7．まとめ ・プリペイドカードの注意点についてまとめる	○普通の現金との違いを踏まえたうえで考えさせる ◇今までの学習を生かし，プリペイドカードのよりよい利用方法について自分なりに考えることができたか

※　コンビニエンスストアで実際に扱われているプリペイドカードを資料として見せたところ，多くの児童がそれらの販売について知っていた。

〈具体事例〉

- アップル社のサイトで音楽を購入できる「iTunes」(アイチューンズ)のプリペイドカード購入を依頼する被害が確認された。

- 東京都渋谷区の40代女性は，ブラジルの友人から依頼されたと思い込み，1日で計4回80万円分のプリペイドカードをだまし取られた。

- 何者かが ID やパスワードを使ってなりすまし，その知人に「コンビニで電子マネーのプリペイドカードを買ってほしい」とメッセージを送信。購入後，電子マネーの使用に必要な識別番号を送らせ，だまし取る手口。電子マネーはスマートフォンのゲームなどに使われる。

(2014/10/4 日刊時事ニュース)

(3) 成果と課題

　この学習を通して得られた成果として3つあげる。1つ目はプリペイドカードとはどのようなものか，児童と知識を共有できたこと。2つ目は長所と短所を考えるなかで，プリペイドカードとの向き合い方を共通理解できたこと。3つ目はインターネットとプリペイドカードが絡むことで「見えないお金」がさらに見えづらくなり，危険なことに気づかせることができたことである。基本的な「見えないお金」への対処について身につけたといえよう。

　課題としてはプリペイドカードを使って「見えないお金」の流れを理解させようと考えたが，安全と管理が中心となってしまい，お金の流れの十分な理解や金銭感覚の向上というところまでには至らなかった。金銭感覚の向上に向け，繰り返しお金との向き合い方について指導していく必要がある。

　以上を踏まえ，プリペイドカードのように既に自らの生活の中に入ってきているものを見直し，学習を通して価値づけを行い，その結果を生活実践の中に生かしていく学習スタイルがとれたことは，今後の学習に取り組むうえで，大変有意義な学習となった。

第10章 消費生活に関する授業実践

3 家庭での実践に結びつく授業づくりⅡ
——「クレジットカード」ってなあに

（1）この授業で育てたい力

　クレジットカードはスマートフォンの急速な普及などにより，ネットショッピングの支払いの決済などとして頻繁に利用されるようになった。スマートフォン（PC）の特性上，クレジットカードの記載情報を一度入力すればその後は入力することなく利用できる利便性がある。本来クレジットカードは成人が会員となり，その信用でサービスを受けるものなので，収入の無い未成年の児童には関連のないことのはずだが，保護者のスマートフォンを使っていたり，勝手に保護者のクレジットカードを持ち出して入力したりとお金の価値に気づかずに事件を起こしてしまうことも多い。

　その背景にはプリペイドカードの事例と同じように，「見えないお金」の支払いで，お金の価値が実感できない，ということがあるのではないかと感じ，クレジットカードについて理解させるとともに，将来，誤りなく利用するためにはクレジットカードの長所・短所を理解して使いこなす必要があると考えた。

　インターネットの接続環境が以前のパソコンから，スマホやタブレット・携帯ゲーム機器といった個人持ちの機器に移行することで，周囲の大人が口をはさめない環境のなかにある。未熟な子どもたちがいつの間にか課金に追い込まれていく構図を知り，クレジットカードのシステムも知らずに使ってしまう危うさに子どもも気がついてほしい。

　また，「ひろげる」段階で具体的な問題を取り上げ，成人となりインターネット上でクレジットカードを使用する時の課題について考えることや，児童にとってお金が数字の羅列ではなく，生活実感に沿ったものとなるためにはどうしたらよいかを考え，授業を組み立ててみた。

　生活を見直す授業づくりに欠かせないのがアンケートである。今回も授業づくりにあたって事前にアンケートを実施し，児童の実態を把握した。

> **質問1．インターネットにつなげるための主な機器は何ですか。**
> - パソコン（35%）
> - スマートフォン（27%）
> - タブレット（20%）
> - 携帯型ゲーム機器（14%）
> - 据置型ゲーム機器（2%）
> - その他（2%）
>
> 〈分析〉パソコンが最も多いが，スマートフォンやタブレット，携帯型ゲーム機器等の個別での利用を前提とするものがかなりを占めている。
>
> **質問2．ネットショッピングで商品を購入したことがありますか。**
> - ある（56%）
> - ない（44%）
>
> 〈分析〉ネットショッピングの経験者は利用者の半数を超えている。
>
> **質問3．クレジットカードを知っていますか。**
> - よく知っている（65%）
> - 見たことがあるがよくわからない（32%）
> - わからない（3%）
>
> 〈分析〉クレジットカードについて「よく知っている」と考えている児童が多い。

これ以外にも15項目ほどアンケートをとり，実態を把握した。児童はクレジットカードの利便さに目を向けているが，何を担保にその利便性が図られているかについては気づいていないことがわかった。

（2）指導案例

【本単元に関わる具体目標】
- クレジットカードの仕組みについて理解し，そのよさや課題について考えることができる

第10章 消費生活に関する授業実践

- インターネット上でクレジットカードを利用する時の課題について考えることができる

展開	主な学習活動	○留意点 ◇評価 ・資料
つかむ	1．クレジットカードとはどんなものなのか考える	・クレジットカード見本の印刷物 ・クレジットカード利用の場面（クレジットカード利用業種別集計表）
調べる	2．クレジットカードの概略を知る ・資料をもとにクレジットカードの概略について知る ・先日行ったアンケート結果を伝え，現状について理解する	・クレジットカードの取引と契約関係 ・アンケート結果
まとめ	クレジットカードの良いところや注意するところについて考えよう	
まとめ	3．クレジットカードの良さや注意点について考える ・おつりがなくて便利 ・決済日まで支払いをのばすことができる ・お財布がかさばらない ・落としてもすぐに不正に使用される可能性が低い ・会則に縛られる ・簡単なので使い過ぎる	○良い部分だけでなく，便利さの裏側にある危うさにも目を向けさせる ○具体的な場面を想起して考え，自分なりの考えをもつことができたか
	4．まとめ ・本日の学習をまとめる	○本時の学習について振り返り，わかったことを書かせる
調べる	5．トラブル事例をもとにクレジットカードの扱いについて考える ・クレジットカードの長所と短所がまとまるようにする	○自力解決の見通しを個々に立てさせ，意見を交流する ・トラブル事例（186頁）
ひろげる	クレジットカードのインターネット上での注意点について考えよう	
ひろげる	6．インターネット上でのクレジットカード使用時の注意点について考えさせる ・事前に学んだ長所と短所を踏まえ，インターネット上での課題についてまとめる	○今までの学習をもとに，どんな事態が想定されるか，それにどのように対応したらよいか，考えさせる
まとめ	7．まとめ ・クレジットカードの注意点についてまとめる	○普通の現金との違いを踏まえたうえで，考えさせる ◇今までの学習を生かし，クレジットカードのよりよい利用方法について自分なりに考えることができたか

〈具体事例〉

> スマートフォン（スマホ）のオンラインゲームをめぐるトラブルのうち、9歳以下の子供が親に無断でクレジットカードの決済をし、料金を請求される事例が増えている。9歳以下の子どもに関する2013年度の相談が前年度の約3倍の490件に急増したことが6日、国民生活センターへの取材で分かった。
> 　相談総数5904件のうち約8％を占めた。14年度の約2カ月間でも約13％と比率がさらに高まっており、同センターは注意を呼び掛けている。
> 　特に5歳以下の子どもの無断決済についての相談が占める割合は、10年度が1％未満だったが、13年度には約2％、14年度も5日現在、約4％になった。

（2014/6/6　10：47　共同通信）

（3）成果と課題

　成果としてはクレジットカードについての基本的な知識を児童に理解させることができたことである。また、クレジットカードが現金より優位な点や、逆に配慮が必要な点について各自で考えることができた。さらに、クレジットカードとインターネットの関係について、双方の優位な点が重なれば大変便利な反面、危険性も拡大することを、具体例を通じて考えられたことである。

　一方、課題はクレジットカードを契約の面から十分に捉えさせることができなかったこと、クレジットカードの安易な利用についての防止策について十分に時間をかけて話し合うことができなかったことである。

　全体的に児童のクレジットカードへの理解が深まり、一定の成果が得られた。これからの生活実践に生かしてくれることを願っている。

4　家庭での実践に結びつく授業づくりとは

（1）時代の最先端を歩む子どもたち

　今後、社会の進展に伴い、「見えないお金」はどんどん増えていく。「見えないお金」を管理していくことは、これからの社会を生きていくための必須能力である。キャッシュレス社会はますます進展し、現金は利用の機会はしだいに

減っていく。それでも、お金の意味と消費との関係についてはいろいろなかたちで伝えていく必要がある。お金は物やサービスを購入する手段であり、お金を得る背景には対価として仕事（労働）が裏打ちされる。子どもにはお小遣いをもらって、貯める、使うというお金のやりとりを通して社会活動に参加していることに気づかせたい。

　児童も教師も気をつけなくてはならないのは、プリペイドカードなど技術革新に関わる内容を扱う場合には、常に現在進行形で進展しつつある課題に向き合わなければならないということである。革新的技術にはよい所だけでなく、影となる部分もある。安易に信頼するのではなく、常に批判的思考をもってあたる必要があることを伝えることが大切である。

　また、こういった課題解決に役立つ批判的思考に必須な情報についても、取捨選択していく思考力と判断力が重要となっていく。情報はすべて作成されたものであり、そこには作成者の意図が存在し、ひとつの事象について全方面から光を当てた情報というのは存在しない。そういった情報の中から、自分に必要な情報を選択し、作成者の意図を読み取りながら、規範意識をもって情報を処理し、判断し、行動につなげていく、そういう力を身につけていくことがこれからの社会を生きていく児童には必要である。そのためには、様々な人の意見を聞き、必要な情報を交換し合い、評価し合い、規範意識に基づいて価値づけていく訓練が必要である。

　授業では、グループでの討議を組み入れたり、「具体的事例」といった情報を取り上げたりする。児童は情報を評価する経験を繰り返すことで、自分の中に情報の取捨選択に関わる尺度がかたちづくられ、生活実践のなかにある「課題」に気づく力が育てられる。今までに経験したことのない社会が日々展開されている今、生活の中に潜む課題に気づき、適切な情報を取捨選択し、課題に対処していく力を児童に身につけさせることは、学習指導要領で求められている「生きる力」そのものであろう。

（2）子どもたちを取り巻く社会の変容

　インターネットに関連したプリペイドカード，クレジットカードの使用については，その子どもたちおよび家庭のインターネットに対する関わり方によって大きく左右され，保護者がネットショッピングをしたり，音楽や映像をダウンロードしたりしている家庭においては，違和感なく児童もそれを受け入れている面がみられる。

　インターネット利用の経験値の違いにより，カード等の利用状況に大きな差が出ているのも特徴のひとつであり，インターネット社会の進展により，消費の姿が大きく変わろうとしていることが，この事例から読み取ることができる。

　今まで商取引の基本とされてきた対面販売からネットショッピングに移行しつつあることは，ネットショッピングの優位性（安価，24時間営業，配達）を示しているが，そこに潜む問題（実物の確認ができない，販売者の素性がわからない）にも目を向ける能力を身につけていくことが，これからの社会を生きていく児童にとってとても大切なことである。

（3）自らの生活にリンクさせる

　技術革新は今後も果てしなく続き，新たな商取引が次から次へと生まれてくるであろうが，根本的な部分，つまりお金と商品の等価交換で商取引きは成り立つということ，そこには「安く買いたい人と高く売りたい人」との間で駆引きがあるということに変わりがないことを，しっかり児童に理解させておくことが重要なのではないだろうか。

引用・参考文献
共同通信（日本経済新聞）2014/6/6 10：47配信。
日刊時事ニュース　2014/10/4配信。
文部科学省（2017）『小学校学習指導要領 解説 家庭編』。

第10章 消費生活に関する授業実践

> 学習の課題
> (1) 新聞など様々な情報の中から，日常の消費生活の中で児童がトラブルに巻き込まれそうな事案がないか考えてみよう。
> (2) 何か課題をみつけたら，「何を学ばせたいか」を軸に，どのようなアンケートを実施し，授業を組み立てていくか計画を立ててみよう。

【さらに学びたい人のための図書】

「知るぽると」金融広報中央委員会編（2010）『はじめての金融教育』，（2012）『金融教育ガイドブック』，（2016）『金融教育プログラム』。
　⇨お金に関わる教育をどのように進めていったらよいか，具体事例やワークシートも用意され，初めて取り組む人にも親切な構成となっている。

高橋 登・山本登志哉編（2016）『子どもとお金――おこづかいの文化発達心理学』東京大学出版会。
　⇨日本・韓国・中国・ベトナムの子どもの「おこづかい」に対する考え方や親子関係について知ることができる。

天野恵美子（2017）『子ども消費者へのマーケティング戦略――熾烈化する子どもビジネスにおける自制と規制』ミネルヴァ書房。
　⇨子どもを対象としたマーケティング戦略の現状と課題，規制の動向をつかむことができる。

（横尾昌子）

小学校学習指導要領
第2章　第8節　家　庭

第1　目　標

生活の営みに係る見方・考え方を働かせ，衣食住などに関する実践的・体験的な活動を通して，生活をよりよくしようと工夫する資質・能力を次のとおり育成することを目指す。

(1) 家族や家庭，衣食住，消費や環境などについて，日常生活に必要な基礎的な理解を図るとともに，それらに係る技能を身に付けるようにする。

(2) 日常生活の中から問題を見いだして課題を設定し，様々な解決方法を考え，実践を評価・改善し，考えたことを表現するなど，課題を解決する力を養う。

(3) 家庭生活を大切にする心情を育み，家族や地域の人々との関わりを考え，家族の一員として，生活をよりよくしようと工夫する実践的な態度を養う。

第2　各学年の内容

〔第5学年及び第6学年〕

1　内　容

A　家族・家庭生活

次の(1)から(4)までの項目について，課題をもって，家族や地域の人々と協力し，よりよい家庭生活に向けて考え，工夫する活動を通して，次の事項を身に付けることができるよう指導する。

(1) 自分の成長と家族・家庭生活

ア　自分の成長を自覚し，家庭生活と家族の大切さや家庭生活が家族の協力によって営まれていることに気付くこと。

(2) 家庭生活と仕事

ア　家庭には，家庭生活を支える仕事があり，互いに協力し分担する必要があることや生活時間の有効な使い方について理解すること。

イ　家庭の仕事の計画を考え，工夫すること。

(3) 家族や地域の人々との関わり

ア　次のような知識を身に付けること。

　(ｱ)　家族との触れ合いや団らんの大切さについて理解すること。

　(ｲ)　家庭生活は地域の人々との関わりで成り立っていることが分かり，地域の人々との協力が大切であることを理解すること。

イ　家族や地域の人々とのよりよい関わりについて考え，工夫すること。

(4) 家族・家庭生活についての課題と実践

ア　日常生活の中から問題を見いだして課題を設定し，よりよい生活を考え，計画を立てて実践できること。

B　衣食住の生活

次の(1)から(6)までの項目について，課題をもって，健康・快適・安全で豊かな食生活，衣生活，住生活に向けて考え，工夫する活動を通して，次の事項を身に付けることができるよう指導する。

(1) 食事の役割

ア　食事の役割が分かり，日常の食事の大切さと食事の仕方について理解すること。

イ　楽しく食べるために日常の食事の仕方を考え，工夫すること。

(2) 調理の基礎

ア　次のような知識及び技能を身に付けること。

　(ｱ)　調理に必要な材料の分量や手順が分かり，調理計画について理解すること。

　(ｲ)　調理に必要な用具や食器の安全で衛生的な取扱い及び加熱用調理器具の安全な取扱いについて理解し，適切に使用できること。

　(ｳ)　材料に応じた洗い方，調理に適した切り方，味の付け方，盛り付け，配膳及び後片付けを理解し，適切にできること。

　(ｴ)　材料に適したゆで方，いため方を理解し，適切にできること。

　(ｵ)　伝統的な日常食である米飯及びみそ汁の調理の仕方を理解し，適切にできること。

イ　おいしく食べるために調理計画を考え，調理の仕方を工夫すること。

(3) 栄養を考えた食事

ア　次のような知識を身に付けること。

　(ｱ)　体に必要な栄養素の種類と主な働きについて理解すること。

　(ｲ)　食品の栄養的な特徴が分かり，料理や食品を組み合わせてとる必要があることを理解すること。

　(ｳ)　献立を構成する要素が分かり，1食分の

献立作成の方法について理解すること。
イ 1食分の献立について栄養のバランスを考え，工夫すること。
(4) 衣服の着用と手入れ
ア 次のような知識及び技能を身に付けること。
(ｱ) 衣服の主な働きが分かり，季節や状況に応じた日常着の快適な着方について理解すること。
(ｲ) 日常着の手入れが必要であることや，ボタンの付け方及び洗濯の仕方を理解し，適切にできること。
イ 日常着の快適な着方や手入れの仕方を考え，工夫すること。
(5) 生活を豊かにするための布を用いた製作
ア 次のような知識及び技能を身に付けること。
(ｱ) 製作に必要な材料や手順が分かり，製作計画について理解すること。
(ｲ) 手縫いやミシン縫いによる目的に応じた縫い方及び用具の安全な取扱いについて理解し，適切にできること。
イ 生活を豊かにするために布を用いた物の製作計画を考え，製作を工夫すること。
(6) 快適な住まい方
ア 次のような知識及び技能を身に付けること。
(ｱ) 住まいの主な働きが分かり，季節の変化に合わせた生活の大切さや住まい方について理解すること。
(ｲ) 住まいの整理・整頓や清掃の仕方を理解し，適切にできること。
イ 季節の変化に合わせた住まい方，整理・整頓や清掃の仕方を考え，快適な住まい方を工夫すること。
C 消費生活・環境
次の(1)及び(2)の項目について，課題をもって，持続可能な社会の構築に向けて身近な消費生活と環境を考え，工夫する活動を通して，次の事項を身に付けることができるよう指導する。
(1) 物や金銭の使い方と買物
ア 次のような知識及び技能を身に付けること。
(ｱ) 買物の仕組みや消費者の役割が分かり，物や金銭の大切さと計画的な使い方について理解すること。
(ｲ) 身近な物の選び方，買い方を理解し，購入するために必要な情報の収集・整理が適切にできること。
イ 購入に必要な情報を活用し，身近な物の選び方，買い方を考え，工夫すること。
(2) 環境に配慮した生活
ア 自分の生活と身近な環境との関わりや環境に配慮した物の使い方などについて理解すること。
イ 環境に配慮した生活について物の使い方などを考え，工夫すること。
2 内容の取扱い
(1) 内容の「A家族・家庭生活」については，次のとおり取り扱うこと。
ア (1)のアについては，AからCまでの各内容の学習と関連を図り，日常生活における様々な問題について，家族や地域の人々との協力，健康・快適・安全，持続可能な社会の構築等を視点として考え，解決に向けて工夫することが大切であることに気付かせるようにすること。
イ (2)のイについては，内容の「B衣食住の生活」と関連を図り，衣食住に関わる仕事を具体的に実践できるよう配慮すること。
ウ (3)については，幼児又は低学年の児童や高齢者など異なる世代の人々との関わりについても扱うこと。また，イについては，他教科等における学習との関連を図るよう配慮すること。
(2) 内容の「B衣食住の生活」については，次のとおり取り扱うこと。
ア 日本の伝統的な生活についても扱い，生活文化に気付くことができるよう配慮すること。
イ (2)のアの(ｴ)については，ゆでる材料として青菜やじゃがいもなどを扱うこと。(ｵ)については，和食の基本となるだしの役割についても触れること。
ウ (3)のアの(ｱ)については，五大栄養素と食品の体内での主な働きを中心に扱うこと。(ｳ)については，献立を構成する要素として主食，主菜，副菜について扱うこと。
エ 食に関する指導については，家庭科の特質に応じて，食育の充実に資するよう配慮すること。また，第4学年までの食に関する学習

との関連を図ること。
オ (5)については，日常生活で使用する物を入れる袋などの製作を扱うこと。
カ (6)のアの(ｱ)については，主として暑さ・寒さ，通風・換気，採光，及び音を取り上げること。暑さ・寒さについては，(4)のアの(ｲ)の日常着の快適な着方と関連を図ること。
(3) 内容の「C消費生活・環境」については，次のとおり取り扱うこと。
ア (1)については，内容の「A家族・家庭生活」の(3)，「B衣食住の生活」の(2)，(5)及び(6)で扱う用具や実習材料などの身近な物を取り上げること。
イ (1)のアの(ｱ)については，売買契約の基礎について触れること。
ウ (2)については，内容の「B衣食住の生活」との関連を図り，実践的に学習できるようにすること。

第3 指導計画の作成と内容の取扱い

1 指導計画の作成に当たっては，次の事項に配慮するものとする。
(1) 題材など内容や時間のまとまりを見通して，その中で育む資質・能力の育成に向けて，児童の主体的・対話的で深い学びの実現を図るようにすること。その際，生活の営みに係る見方・考え方を働かせ，知識を生活体験等と関連付けてより深く理解するとともに，日常生活の中から問題を見いだして様々な解決方法を考え，他者と意見交流し，実践を評価・改善して，新たな課題を見いだす過程を重視した学習の充実を図ること。
(2) 第2の内容の「A家族・家庭生活」から「C消費生活・環境」までの各項目に配当する授業時数及び各項目の履修学年については，児童や学校，地域の実態等に応じて各学校において適切に定めること。その際，「A家族・家庭生活」の(1)のアについては，第4学年までの学習を踏まえ，2学年間の学習の見通しをもたせるために，第5学年の最初に履修させるとともに，「A家族・家庭生活」，「B衣食住の生活」，「C消費生活・環境」の学習と関連させるようにすること。
(3) 第2の内容の「A家族・家庭生活」の(4)については，実践的な活動を家庭や地域などで行うことができるよう配慮し，2学年間で一つ又は二つの課題を設定して履修させること。その際，「A家族・家庭生活」の(2)又は(3)，「B衣食住の生活」，「C消費生活・環境」で学習した内容との関連を図り，課題を設定できるようにすること。
(4) 第2の内容の「B衣食住の生活」の(2)及び(5)については，学習の効果を高めるため，2学年間にわたって取り扱い，平易なものから段階的に学習できるよう計画すること。
(5) 題材の構成に当たっては，児童や学校，地域の実態を的確に捉えるとともに，内容相互の関連を図り，指導の効果を高めるようにすること。その際，他教科等との関連を明確にするとともに，中学校の学習を見据え，系統的に指導ができるようにすること。
(6) 障害のある児童などについては，学習活動を行う場合に生じる困難さに応じた指導内容や指導方法の工夫を計画的，組織的に行うこと。
(7) 第1章総則の第1の2の(2)に示す道徳教育の目標に基づき，道徳科などとの関連を考慮しながら，第3章特別の教科道徳の第2に示す内容について，家庭科の特質に応じて適切な指導をすること。

2 第2の内容の取扱いについては，次の事項に配慮するものとする。
(1) 指導に当たっては，衣食住など生活の中の様々な言葉を実感を伴って理解する学習活動や，自分の生活における課題を解決するために言葉や図表などを用いて生活をよくする方法を考えたり，説明したりするなどの学習活動の充実を図ること。
(2) 指導に当たっては，コンピュータや情報通信ネットワークを積極的に活用して，実習等における情報の収集・整理や，実践結果の発表などを行うことができるように工夫すること。
(3) 生活の自立の基礎を培う基礎的・基本的な知識及び技能を習得するために，調理や製作等の手順の根拠について考えたり，実践する喜びを味わったりするなどの実践的・体験的な活動を充実すること。
(4) 学習内容の定着を図り，一人一人の個性

を生かし伸ばすよう,児童の特性や生活体験などを把握し,技能の習得状況に応じた少人数指導や教材・教具の工夫など個に応じた指導の充実に努めること。
(5) 家庭や地域との連携を図り,児童が身に付けた知識及び技能などを日常生活に活用できるよう配慮すること。
3 実習の指導に当たっては,次の事項に配慮するものとする。

(1) 施設・設備の安全管理に配慮し,学習環境を整備するとともに,熱源や用具,機械などの取扱いに注意して事故防止の指導を徹底すること。
(2) 服装を整え,衛生に留意して用具の手入れや保管を適切に行うこと。
(3) 調理に用いる食品については,生の魚や肉は扱わないなど,安全・衛生に留意すること。また,食物アレルギーについても配慮すること。

索　引

あ行

青菜（小松菜）　139
悪質な商法　127
暑さ・寒さ　106
編物　89, 154, 155
安全管理　32
安全指導　32
アンペイド・ワーク　46
衣食住　13, 14
衣生活のサイクル　83
『一般家庭』　4
1本どり／2本どり　159
糸足　95, 160
糸紡ぎ　153
衣服　83, 85, 152, 155
衣服素材　154
衣服の社会生活上の働き　87
衣服の着用と手入れ　83
衣服の働き　85, 152
インターネット決済　122
インターネット取引　118
うでわづくり　159
上糸調節装置　95
エイジング　54
エシカルファッション　130
エシカル消費　119, 120, 130
送り調節装置　95
織物　80, 153-155

か行

介護　54
介護保険制度　54
介護者　52
ガイダンス　40
界面活性剤　97, 163
買物の仕組み　120
返し縫い　167
かがり縫い　94

核家族世帯　34
学習環境　85
家事　43
家事裁縫科　4
『家事裁縫科』　4
家事労働　45
家政学　3
家族　38
家族・家庭生活　12, 14
家庭　41
『家庭』　2-4
『家庭一般』　4, 5
『家庭科』　10, 15
家庭科教育　2
『家庭科だより』　169
『家庭基礎』　3
『家庭総合』　3, 5
家庭の仕事　45-47
家庭分野　3, 10, 16
粿飯　144
角の始末　171
加熱調理器具　138
空縫い　95
環境に配慮した洗濯の仕方　84
乾式洗濯　97
観点別学習状況　29
『技術・家庭』　2, 3, 16
『技術・家庭科』　4, 10
既製品　152
季節の変化　111
基礎的な理解　9
キャッシュレス　178
キャッシュレス化　122
キャッシュレス社会　186
給料　178
居住問題　101
許容電流量　98
金銭の管理　122
きんちゃく袋　167, 168, 172

195

きんぴらごぼう 139	JIS 規格 98
空間軸と時間軸 11	持続可能な開発のための教育 56
クーリング・オフ 126	持続可能な社会の構築 56,83,119,122
口あき 171	持続可能な消費 119
くつ下の洗濯 162-165	持続可能な食生活 79
グリーンコンシューマー 129	視聴覚教材 21
クレジットカード 178-186	湿式洗濯（ランドリー） 97
系統学習 22	実践的・体験的な活動 18,21
契約 126	実践的・体験的な学び 5
KJ法 58	実践的な態度 11
結婚 41	実践力 27
言語活動 21	指導技法 21
麹 147	指導形態 20
合成洗剤 163	指導と評価の一体化 29
高齢化社会 37	指導方式 21
高齢者 53,54	指導方法 20,21
高齢社会 37	社会的不利 55
国際障害分類 55	社会的・心理的な機能 85
国民生活基礎調査 37	収入 123
『国民生活白書』 50	収支バランス 122
個計 40	主体的・対話的で深い学び 21,23
孤食 43,63	出生家族 40
子食 63	障がい 55
こども食堂 53,54	少子社会 38
粉石けん 163	消費期限 125
ごぼう 139	消費支出 124
婚姻適齢 41	消費者基本計画 119
さ 行	消費者基本法 80
	消費者教育 177
災害時対応食 62	消費者教育推進法 119
採光 109	消費者市民社会 119
再付着防止作用 97	消費者庁 118
裁縫用具 94,166	消費者トラブル 117-119
雑穀 144	消費者問題 128
ジェンダー 49	消費生活 117
ジェンダー・ギャップ指数 50	消費生活・環境 13,14
資源の有効利用 121	情報の収集・整理 121
思考力，判断力，表現力等 8,9,12	情報リテラシー 118,119,122
仕事と生活の調和憲章 46	賞味期限 125
事実婚 41	『職業』 4
資質・能力 8	『職業・家庭』 4
支出 123	食生活指針 64

索　引

食品ロス　125, 129
食物アレルギー　65
食料自給率　75
消費生活センター　120
自立　43
自立の基礎　8
汁の実　146
親権　42
人口置換基準　37
人口置換水準　36
スープ作り　135
住まいの働き　105
『生活一般』　5
『生活技術』　5
生活経験　122
生活時間　48, 49
生活体験　5
『生活デザイン』　5
生活における問題解決能力　85
生活の営みに係る見方・考え方　9, 66
生活の自立　6
生活文化　104
生活文化の継承　6, 171
生活を豊かにするための布を用いた製作　83
製作学習　85
製作計画　93
『青少年白書』　49
清掃　113
性別役割　47
整理・整頓　112
世帯　36, 37
石けん　163, 164
繊維の種類　87, 88
洗剤　97, 165
洗浄力　163
洗濯　96, 97, 162, 164
騒音　110
創設家族　40
組成表示　98

た　行

題材構成　23

だし　149
出し入れ口　168
裁ち目　159
経糸　89, 153, 169
玉どめ　156, 157, 160
玉結び　156-158, 160
男女共修　4
団らん　50, 51
地球の温暖化　108
地産地消　75, 130
知識及び技能　8, 9, 12
超高齢社会　37
朝食　134
朝食の欠食　64
通風　98
通風・換気　108
つながり　52, 53
手洗い　163
適切な住まい　115
手縫い　85, 94, 154
電子化　118
電子マネー　122, 128
電子収納サービス　128
同性婚　41
取り扱い表示（絵表示）　84, 98, 164

な　行

中食　61, 79
なみ縫い　94
乳化　97
布の成り立ち　153
縫いしろ　172, 173
布の種類　89
布の性質，特徴　90
ネオニコチノイド　79
ネットショッピング　183, 184, 188
年間指導計画　27
のれん　166, 167

は　行

売買契約　120
バイヤス　168

197

機織り　153
発酵　147
早寝早起き朝ごはん運動　64
針　94
針と糸　95,156,157
半返し縫い　94
ハンディキャップ　53
反転学習　21
東日本大震災　62
非消費支出　124
ビタミンCの検出実験　72
ひとり親　42,43
ひも通し　168
表示・マーク　124
評価規準　29
評価計画　29
標準使用量　97
漂白剤　98
平織　90,168,169
5R　123
ファストファッション　82
フードマイレージ　130
フェアトレード　129
フェルト　89,152-159,166
不織布　89,152,154,155
2つ穴ボタン　159,160
プライバシー　105
プリペイドカード　178-182
プロジェクト型　26
分散　97
ペイド・ワーク　46
法律婚　41
保健衛生的機能　85
ボタン　160,161
ボタン付け　94,95,158,159,166
本返し縫い　94

ま　行

マーク　125
まち針　94

学びに向かう力，人間性等　8,12
丸ひも　167,168,173
見えないお金　177,178,182,183
見えるお金　177,178
味覚教育　75
ミシン縫い　85,94,95,167
無償労働　46
綿　153
もみ洗い　163
木綿　153
問題解決能力　7
問題解決的な学習　22,23
問題を解決する力　9

や・ら・わ　行

8つの権利と5つの責任　126
有償労働　46
緯糸　89,153,169
汚れ　96,162,164
予算　124
離婚　42
練習用布　93
ワーク・ライフ・バランス　46,48,50
和食　143
ワタ　153
ワンオペ育児　46

欧　文

ESD　56
GGI　48
ICIDH　55
ISO（国際標準化機構）　98
PACS法　42
Recycle　123,126,129
Reduce　123,126,129
Refuse　123,129
Remake　124,129
Repair　123,129
Reuse　123,124,126

監修者

原　清治（佛教大学副学長・教育学部教授）
春日井敏之（立命館大学大学院教職研究科教授）
篠原正典（佛教大学教育学部教授）
森田真樹（立命館大学大学院教職研究科教授）

執筆者紹介（所属，執筆分担，執筆順，＊は編者）

＊三沢徳枝（編著者紹介参照：はじめに，第3，4章）
＊勝田映子（編著者紹介参照：第2，4，5章）
松田典子（文教大学准教授：第1章）
海野りつ子（元和光大学非常勤講師：第4，8章）
宮﨑陽子（羽衣国際大学人間生活学部教授：第6章）
星野洋美（常葉大学大学院初等教育高度実践研究科・教育学部教授：第7章）
谷口明子（関西学院大学非常勤講師，元奈良教育大学附属小学校教諭：第9章）
横尾昌子（東京都目黒区立駒場小学校主任教諭：第10章）

編著者紹介

三沢　徳枝（みさわ・とくえ）
　1963年　生まれ。
　現　在　つくば国際短期大学保育科准教授。
　主　著　『暮らしをつくりかえる生活経営力』（共著）朝倉書店，2012年。
　　　　　『よくわかるスクールソーシャルワーク　第2版』（共著）ミネルヴァ書房，2016年。

勝田　映子（かつた・えいこ）
　1956年　生まれ。
　現　在　帝京大学教育学部教授。
　主　著　『子どものよさを活かす家庭科授業――出会う・かかわる・つくり出す』不昧堂出版，2010年。
　　　　　『スペシャリスト直伝！小学校家庭科授業　成功の極意』明治図書出版，2016年。

新しい教職教育講座　教科教育編⑧
初等家庭科教育

2019年3月30日　初版第1刷発行
2023年11月20日　初版第4刷発行

〈検印省略〉

定価はカバーに表示しています

監修者	原　清治／春日井敏之 篠原正典／森田真樹
編著者	三沢徳枝／勝田映子
発行者	杉　田　啓　三
印刷者	坂　本　喜　杏

発行所　株式会社　ミネルヴァ書房
　607-8494　京都市山科区日ノ岡堤谷町1
　　　　　　電話代表　(075)581-5191
　　　　　　振替口座　01020-0-8076

© 三沢・勝田ほか，2019　冨山房インターナショナル・坂井製本

ISBN 978-4-623-08204-9

Printed in Japan

新しい教職教育講座

原 清治・春日井敏之・篠原正典・森田真樹 監修

全23巻

（Ａ５判・並製・各巻平均220頁・各巻2000円（税別））

教職教育編
① 教育原論　　　　　　　　　　　山内清郎・原 清治・春日井敏之 編著
② 教職論　　　　　　　　　　　　久保富三夫・砂田信夫 編著
③ 教育社会学　　　　　　　　　　原 清治・山内乾史 編著
④ 教育心理学　　　　　　　　　　神藤貴昭・橋本憲尚 編著
⑤ 特別支援教育　　　　　　　　　原 幸一・堀家由妃代 編著
⑥ 教育課程・教育評価　　　　　　細尾萌子・田中耕治 編著
⑦ 道徳教育　　　　　　　　　　　荒木寿友・藤井基貴 編著
⑧ 総合的な学習の時間　　　　　　森田真樹・篠原正典 編著
⑨ 特別活動　　　　　　　　　　　中村 豊・原 清治 編著
⑩ 教育の方法と技術　　　　　　　篠原正典・荒木寿友 編著
⑪ 生徒指導・進路指導　　　　　　春日井敏之・山岡雅博 編著
⑫ 教育相談　　　　　　　　　　　春日井敏之・渡邉照美 編著
⑬ 教育実習・学校体験活動　　　　小林 隆・森田真樹 編著

教科教育編
① 初等国語科教育　　　　　　　　井上雅彦・青砥弘幸 編著
② 初等社会科教育　　　　　　　　中西 仁・小林 隆 編著
③ 算数科教育　　　　　　　　　　岡本尚子・二澤善紀・月岡卓也 編著
④ 初等理科教育　　　　　　　　　山下芳樹・平田豊誠 編著
⑤ 生活科教育　　　　　　　　　　鎌倉 博・船越 勝 編著
⑥ 初等音楽科教育　　　　　　　　高見仁志 編著
⑦ 図画工作科教育　　　　　　　　波多野達二・三宅茂夫 編著
⑧ 初等家庭科教育　　　　　　　　三沢徳枝・勝田映子 編著
⑨ 初等体育科教育　　　　　　　　石田智巳・山口孝治 編著
⑩ 初等外国語教育　　　　　　　　湯川笑子 編著

――― ミネルヴァ書房 ―――
https://www.minervashobo.co.jp/